Hundeglück aus der Küche

Paul Sonnfeld

Hundeglück aus der Küche

selbstgemachte Leckerli

Impressum
© 2025 Paul Sonnfeld
Verlag: BoD · Books on Demand GmbH, Überseering 33, 22297 Hamburg,
bod@bod.de
Alle Rechte vorbehalten.
Dieses Buch oder Teile daraus dürfen ohne die schriftliche Genehmigung des Autors
weder reproduziert noch in irgendeiner Form verwendet werden.
ISBN: 978-3-8192-4926-6
Druck: Libri Plureos GmbH, Friedensallee 273, 22763 Hamburg

Lass uns gemeinsam die geheimen Vorratskammern
für unsere Vierbeiner erobern
und eine köstliche Reise in die Welt
der selbstgemachten Leckerli antreten.

Denn mal ehrlich –
warum sollten nur wir Menschen
Chips, Kekse und Co. genießen dürfen,
während der Hund daneben sitzt und sabbert?

Es ist an der Zeit, die Schürzen umzubinden,
den Backofen vorzuheizen
und mit Eifer, Mehl und Möhrchen
die Leckerli-Revolution einzuläuten!

Unsere treuen Fellnasen haben es sich verdient:
Snacks mit Liebe, ohne Schnickschnack –
und garantiert mit dem Prädikat „Wuff!"

„Achtung!
Dieses Buch könnte sabbernde Blicke auslösen –
nicht nur beim Hund."

Inhalt

Es gibt viele verschiedene Rezepte für selbstgemachte Hundeleckerli. Die meisten meiner Rezepte sind einfach und schnell zuzubereiten und erfordern nur wenige Zutaten. Hundeleckerli, auch bekannt als Hundesnacks oder Hundekekse, haben eine große Bedeutung für die Beziehung zwischen Hunden und ihren Besitzern. Leckerli dienen nicht nur als Belohnung für gutes Verhalten, sondern auch als Möglichkeit, dem Hund Zuneigung und Liebe zu zeigen.

Ein gutes Hundeleckerli sollte aus hochwertigen Zutaten bestehen und speziell auf die Bedürfnisse des Hundes abgestimmt sein. Es gibt viele verschiedene Arten von Leckerli auf dem Markt, wie zum Beispiel Knochen, Fleischstücke oder Kekse in verschiedenen Geschmacksrichtungen, doch die sind eben industriell hergestellt.

Neben der Verwendung als Belohnung oder Liebesbeweis können Hundeleckerli auch eine wichtige Rolle bei der Erziehung und Training des Hundes spielen. Mit Hilfe von Leckerli können Kommandos und Tricks schneller und einfacher erlernt werden, da der Hund durch die Belohnung motiviert wird.

Setze Leckerli sparsam und bewusst ein, um eine Überfütterung und damit verbundene gesundheitliche Probleme zu vermeiden. Ein ausgewogener und gesunder Ernährungsplan für den Hund sollte immer Vorrang haben.

Hundeleckerli können also für die Beziehung zwischen Hund und Besitzer von großer Bedeutung sein. Sie dienen als Belohnung, Liebesbeweis und Trainingshilfe, sollten aber immer bewusst und sparsam eingesetzt werden, um eine gesunde Ernährung des Hundes sicherzustellen.

Hunde sind unsere besten Freunde

Hunde sind unbestreitbar eine der besten Arten von Haustieren, die Menschen jemals hatten. Sie werden oft als "beste Freunde des Menschen" bezeichnet, und das aus gutem Grund.

Einer der Gründe, warum Hunde so geliebt werden, ist ihre unendliche Loyalität und Liebe zu ihren Besitzern. Egal, was passiert, Hunde stehen immer zu ihren Menschen und sind bereit, für sie da zu sein. Sie geben uns das Gefühl, geschätzt und geliebt zu werden, und das kann auch einen enormen Einfluss auf unser Wohlbefinden haben.

Warum Hunde so großartige Begleiter sind, ist ihre Fähigkeit, uns zu unterstützen und zu trösten, wenn wir uns niedergeschlagen oder gestresst fühlen. Einfach nur in ihrer Nähe zu sein und ihre Nähe zu spüren, kann dazu beitragen, unsere Stimmung zu verbessern und uns zu beruhigen.

Hunde sind aktive und energiegeladene Geschöpfe, die gerne spielen und sich bewegen. Dies macht sie zu perfekten Begleitern für Menschen, die gerne Sport treiben oder draußen in der Natur sind. Sie können uns auch dazu inspirieren, aktiver zu sein und uns helfen, einen gesunden Lebensstil zu führen.

Hunde sind darüber hinaus sehr intelligente und anpassungsfähige Tiere, die schnell lernen und trainiert werden können. Dies macht sie zu wertvollen Begleitern für Menschen mit besonderen Bedürfnissen, wie beispielsweise Blinde oder Menschen mit eingeschränkter Mobilität.

Hunde sind wahrhaftig unsere besten Freunde. Sie bringen so viel Freude, Liebe und Unterstützung in unser Leben und sind immer bereit, für uns da zu sein. Es ist kein Wunder, dass so viele Menschen Hunde als ihre treuen Begleiter und Gefährten schätzen.

Geschichte der Hundeleckerli

Die Geschichte der Hundeleckerli reicht bis in die Antike zurück. Bereits vor Tausenden von Jahren gab es Menschen, die ihre Hunde mit besonderen Leckerbissen belohnten und fütterten. In den alten ägyptischen und römischen Kulturen waren Hunde hoch geschätzte Tiere und bekamen oft besondere Leckerli und Futter als Belohnung für ihre Treue und ihren Schutz.

Im Mittelalter waren Hunde hauptsächlich als Wach- und Jagdtiere eingesetzt. Sie bekamen oft nur das übrig gebliebene Essen ihrer Besitzer und hatten keine speziellen Leckerli.

Erst im 19. Jahrhundert begannen Lebensmittelhersteller, spezielle Leckerli für Hunde herzustellen. Dies war auch die Zeit, in der Hunde immer mehr als Haustiere angesehen wurden und nicht mehr nur als Werkzeug. Die ersten Hundeleckerli waren einfache Lebensmittel wie getrocknetes Fleisch oder Käse, die als Belohnung oder Trainingstool verwendet wurden.

Im 20. Jahrhundert entwickelte sich die Industrie für Hundeleckerli rasant weiter. Es gab immer mehr Sorten und Varianten von Leckerli, die für verschiedene Bedürfnisse und Geschmäcker entwickelt wurden. Heutzutage gibt es Hundeleckerli in allen Formen, Größen und Geschmacksrichtungen, von natürlichen Leckerli aus echten Zutaten bis hin zu künstlichen Leckerli mit Geschmacksverstärkern.

Die Geschichte der Hundeleckerli hat sich im Laufe der Jahrhunderte stark entwickelt, aber das Konzept, Hunde mit besonderen Leckerbissen zu belohnen und zu verwöhnen, ist gleichgeblieben. Bis heute sind Hundeleckerli ein fester Bestandteil im Leben vieler Hundebesitzer und eine beliebte Möglichkeit, ihre Vierbeiner zu verwöhnen.

Leckerli selbst herstellen

Vor- und Nachteile

Du möchtest deinem vierbeinigen Freund eine Freude bereiten und überlegst, ob du ihm selbstgemachte Leckerli anbieten oder lieber gekaufte Leckerli verwenden sollst? Keine Sorge, ich bin hier um dir bei dieser schwierigen Entscheidung zu helfen.

Zunächst einmal haben selbstgemachte Leckerli den Vorteil, dass du die Zutaten selbst auswählen und sicherstellen kannst, dass dein Hund keine allergischen Reaktionen darauf hat. Außerdem kannst du so auf individuelle Vorlieben deines Hundes eingehen. Wenn dein Hund zum Beispiel ein großer Fan von Hühnchen ist, kannst du ihm selbstgemachte Leckerli aus Hühnchenbrustfleisch anbieten.

Selbstgemachte Hundeleckerli haben einige Vorteile gegenüber gekauften Leckerlis:

1. **Kontrolle** über Inhaltsstoffe: wenn du selbstgemachte Hundeleckerli herstellst, kannst du gewährleisten, dass nur gesunde Zutaten verwendet werden, die für deinen Hund geeignet sind

2. **Anpassbarkeit**: du kannst selbstgemachte Leckerli an die Bedürfnisse deines Hundes anpassen, z.B. bei allergischen Reaktionen oder speziellen Ernährungsanforderungen, weil dein Hund vielleicht eine Unverträglichkeit gegenüber bestimmten Lebensmitteln hat

3. **Kosteneinsparung**: selbstgemachte Leckerli sind meist wesentlich günstiger als gekaufte

4. **Frische**: selbstgemachte Leckerli sind frischer als gekaufte und benötigen auch keine Konservierungsstoffe

Andererseits haben gekaufte Hundeleckerli auch Vorteile, wie Bequemlichkeit und Verfügbarkeit. Da heißt es, die Bedürfnisse deines Hundes und die eigene Zeit, Fertigkeiten und Ressourcen zu berücksichtigen, bevor du dich zwischen selbstgemachten oder gekauften Leckerlis entscheidest.

Warum du Hunde-Leckerli selber machen solltest

aus der Sichtweise des Hundes:

- selbstgemachte Hunde-Leckerli ermöglichen es dir, gesunde Zutaten auszuwählen und die Menge an Zucker, Salz und anderen ungesunden Zutaten zu kontrollieren
- für Hunde mit speziellen Ernährungsbedürfnissen oder Unverträglichkeiten können individuell angepasste Leckerli hergestellt werden, die keine problematischen Zutaten enthalten
- selbstgemachte Leckerli können eine besondere Belohnung für den Hund sein, da sie meist frischer und geschmackvoller sind als gekaufte
- durch die Herstellung von verschiedenen Geschmacksrichtungen können Hunde abwechslungsreich gefüttert werden und es wird somit eine langweilige Routine in der Ernährung ausgeschlossen
- dein Hund wird dich bei der gemeinsamen Herstellung von Leckerli beobachten, was eine Möglichkeit sein kann, die Bindung zwischen deinem Hund und dir zu stärken und das Vertrauen deines Hundes zu fördern

Gründe, die für dich ausschlaggebend sein können:

- selbstgemachte Hunde-Leckerli bieten Kontrolle über die Inhaltsstoffe und damit auch über die Qualität der Leckerli
- das Herstellen von Hunde-Leckerli kann kostengünstiger sein als der Kauf von fertigen Leckereien
- die Herstellung von Hunde-Leckerli kann dir Freude bereiten und ein Gefühl der Zufriedenheit und des Stolzes vermitteln, da du etwas Eigenes geschaffen hast
- selbstgemachte Leckerli können individuell an die Bedürfnisse und Vorlieben des Hundes angepasst werden

- das Herstellen von Hunde-Leckerli kann umweltfreundlicher sein, da es Verpackungsmüll spart

Verwendung von natürlichen Zutaten

Die Verwendung von natürlichen Zutaten wie Fleisch, Obst und Gemüse bei der Herstellung von Hundeleckerli werden immer beliebter. Viele Hundebesitzer suchen nach gesunden und natürlichen Alternativen zu industriell hergestellten Snacks.

Fleisch ist ein natürlicher Bestandteil der Ernährung von Hunden und liefert wichtige Nährstoffe wie Eiweiß und Fett. Wenn Fleisch in Form von Hundeleckerli angeboten wird, kann das eine willkommene Abwechslung im Speiseplan deines Hundes sein und den Snack zu einem besonderen Leckerbissen machen.

Bei der Verwendung von Fleisch in Hundeleckerli ist es jedoch wichtig, auf Qualität zu achten. Das Fleisch sollte von guter Qualität sein und aus artgerechter Tierhaltung stammen.

Allerdings sollte man auch bei natürlichen und selbstgemachten Hundeleckerli auf die Menge achten und sie nicht übermäßig füttern. Hundeleckerli können schnell zu einer übermäßigen Kalorienzufuhr führen und sollten daher nur in begrenzten Mengen verfüttert werden.

Fazit: Es lässt sich also sagen, dass Hundeleckerli aus natürlichen Zutaten wie Fleisch eine gesunde und schmackhafte Alternative zu industriell hergestellten Snacks darstellen können. Bei der Auswahl sollte man auf Qualität und die richtige Menge achten, um eine ausgewogene Ernährung des Hundes zu gewährleisten.

Die Verwendung von Gemüse bei der eigenen Herstellung von Hundeleckerli gewinnt zunehmend an Bedeutung. Immer mehr Hundebesitzer suchen nach gesunden und natürlichen Alternativen zu herkömmlichen Snacks.

Gemüse ist eine wichtige Quelle für Nährstoffe und Ballaststoffe und stellt somit auch eine gesunde Ergänzung zur täglichen Ernährung des Hundes dar. Hundeleckerli mit Gemüse sind meist eine willkommene Abwechslung im Speiseplan des Hundes.

Bei der Verwendung von Gemüse in Hundeleckerli ist es auch hier wichtig, auf Qualität und Verträglichkeit zu achten. Nicht alle Gemüsesorten sind für Hunde geeignet und einige können sogar giftig sein. Gemüse wie Karotten, Süßkartoffeln oder Kürbis sind jedoch den meisten Hunden gut verträglich und liefern wichtige Nährstoffe.

Achte darauf, auf Zusätze wie Konservierungsstoffe, Geschmacksverstärker oder künstliche Farbstoffe zu verzichten, um eine gesunde Ernährung des Hundes zu gewährleisten.

Einige geeignete Obstsorten für Hunde sind Äpfel, Bananen, Blaubeeren und Melonen. Äpfel enthalten Vitamin C und K, sind reich an Ballaststoffen und können bei der Zahnpflege helfen. Bananen sind eine gute Quelle für Kalium und enthalten auch Vitamin B6. Blaubeeren sind reich an Antioxidantien und können das Immunsystem stärken. Melonen enthalten viel Wasser und können bei der Hydratation, der Regulierung des Flüssigkeitshaushaltes, helfen.

Unbedingt zu beachten ist jedoch, dass einige Früchte für Hunde giftig sein können, wie z.b. Rosinen, Weintrauben und Avocados. Es ist wichtig, vor dem Füttern von Obst sicherzustellen, dass es verträglich für deinen Hund ist.

Auch solltest du immer nur geringe Mengen anbieten und das Obst in kleine Stücke schneiden, um Verstopfung und Choking zu vermeiden. Choking bedeutet, dass ein Objekt den Atemweg des Hundes blockiert und er nicht in der Lage ist zu atmen. Es kann zu Erstickung und Atemstillstand führen und ist eine lebensbedrohliche Situation

Obst sollte als Ergänzung zu einer ausgewogenen Ernährung und nicht als Hauptbestandteil des Futterplans dienen

Fazit: das Hinzufügen von Obst zum Futterplan deines Hundes wird bestimmt eine gesunde und schmackhafte Ergänzung sein, aber es ist wichtig, sorgfältig zu überwachen und zu überprüfen, ob es sicher für deinen Hund ist.

Allerdings solltest du auch hier auf die Menge achten und die Leckerli nur in begrenzten Mengen verfüttern. Eine ausgewogene Ernährung und die richtige Menge an Hundeleckerli sind wichtig, um eine optimale Gesundheit deines Hundes zu gewährleisten.

Vermeidung von künstlichen Zusatzstoffen und Zucker

Eine gesunde Ernährung ist ein wichtiger Bestandteil des allgemeinen Wohlbefindens deines Hundes.

Die Vermeidung von künstlichen Zusatzstoffen und Zucker im Hundefutter ist von großer Bedeutung für die Gesundheit und das Wohlbefinden deines Hundes. Künstliche Zusatzstoffe wie Konservierungsstoffe, Farbstoffe und Geschmacksverstärker können zu teils erheblichen gesundheitlichen Problemen beitragen, einschließlich allergischer Reaktionen, Magen-Darm-Problemen und sogar Krebs.

Zucker hingegen kann bei Hunden zu Gewichtsproblemen, Zahnproblemen und sogar zu einer Reihe von chronischen Gesundheitsproblemen führen, wie z.B. Diabetes und Herzerkrankungen. Außerdem kann es die allgemeine Gesundheit deines Tieres beeinträchtigen, indem es den natürlichen Zuckerhaushalt des Körpers beschädigt und den Appetit anregt, was zu einer ungesunden Ernährung führen kann.

Wenn du sicherstellen möchtest, dass dein Hund eine gesunde und ausgewogene Ernährung erhält, ist es wichtig, auf das Etikett des Futters zu achten und nach Futter zu suchen, das frei von künstlichen Zusatzstoffen und Zucker ist.

Es ist ratsam, selbstgemachte Leckerli zu machen, um sicherzustellen, dass nur gesunde Zutaten verwendet werden.

Durch die Vermeidung von künstlichen Zusatzstoffen und Zucker im Hundefutter kannst du dazu beitragen, dass dein Hund länger und gesünder lebt.

der individuelle Nährstoffbedarf des Hundes

Der individuelle Nährstoffbedarf deines Hundes hängt von einer Vielzahl von Faktoren ab, darunter Größe, Alter, Aktivitätsniveau, Geschlecht, Rasse und allgemeiner Gesundheitszustand. Um den Nährstoffbedarf deines Hundes zu bestimmen, musst du eine Reihe von Faktoren berücksichtigen.

- Größe: Die Größe eines Hundes hat einen direkten Einfluss auf seinen Nährstoffbedarf. Kleinere Hunde benötigen normalerweise weniger Kalorien und Nährstoffe als größere Hunde

17

- Alter: Das Alter beeinflusst den Nährstoffbedarf eines Hundes, da ältere Hunde oftmals weniger aktiv sind und oft einen geringeren Kalorienbedarf haben. Ältere Hunde haben auch möglicherweise spezifische Nährstoffbedürfnisse, um gesund zu bleiben, wie z.b. höhere Kalzium- und Phosphorwerte
- Aktivitätsniveau: Ein aktiver Hund benötigt mehr Kalorien und Nährstoffe als ein inaktiver Hund. Wenn du deinen Hund regelmäßig trainierst und er viel Bewegung hat, sollte sein Futter entsprechend angepasst werden
- Geschlecht: Männliche und weibliche Hunde haben unterschiedliche Nährstoffbedürfnisse, da weibliche Hunde oft während der Läufigkeit und Schwangerschaft höhere Nährstoffbedürfnisse haben
- Rasse: Die Rasse Deines Hundes kann auch den Nährstoffbedarf beeinflussen. Einige Rassen sind anfälliger für bestimmte Gesundheitsprobleme und haben daher spezifische Nährstoffbedürfnisse
- allgemeiner Gesundheitszustand: Der Gesundheitszustand deines Hundes kann auch den Nährstoffbedarf beeinflussen. Wenn Dein Hund unter bestimmten Gesundheitseinschränkungen leidet, kann er spezifische Nährstoffbedürfnisse haben.

Jeder ist Hund einzigartig, es gibt keine "eine Größe für alle" Lösung bei der Berechnung des Nährstoffbedarfs. Um den Nährstoffbedarf Deines Hundes genau zu bestimmen, solltest Du einen Tierarzt konsultieren. Ein Tierarzt kann Ihnen helfen, eine ausgewogene Ernährung für Deinen Hund zu entwickeln, die seine spezifischen Bedürfnisse berücksichtigt. Er kann Dir auch empfehlen, wie oft und wie viel Du deinem Hund füttern solltest,

Es ist wichtig, dass Dein Hund stets ausreichend Wasser trinkt. So wird sein Nährstoffhaushalt unterstützt und eine mögliche Austrocknung (Dehydration) vermieden. Wie viel Wasser er benötigt, hängt von Alter, Aktivitätslevel und Gesundheitszustand ab. Ein gut versorgter Hund ist weniger anfällig für Nieren- oder andere gesundheitliche Probleme.

ergänzende Nährstoffe (z.B. Omega-3-Fettsäuren)

Eine ausgewogene Ernährung mit allen notwendigen Nährstoffen ist wichtig, um die Gesundheit deines Hundes zu fördern. Obwohl viele Hundefutter bereits alle notwendigen Nährstoffe enthalten können, ist es manchmal notwendig, ergänzende Nährstoffe zu verabreichen, um gesundheitliche Probleme zu beheben oder zu verhindern.

Zum Beispiel kann ein Vitamin- oder Mineralstoffmangel bei Hunden zu Hautproblemen, Gelenkschmerzen, einer schlechten Fellqualität und anderen Gesundheitsproblemen führen. Ein Tierarzt kann empfehlen, ergänzende Nährstoffe wie Vitamin E, B-Vitamine oder Omega-3-Fettsäuren zu verabreichen, um diese Probleme zu beheben.

Ein anderer Grund, warum ergänzende Nährstoffe erforderlich sein können, ist das Alter des Hundes. Ältere Hunde können einen höheren Bedarf an bestimmten Nährstoffen haben, um gesund zu bleiben. Ein Tierarzt kann auch empfehlen, ergänzende Nährstoffe zu verabreichen, um die Gelenkgesundheit und die allgemeine Gesundheit des Hundes im Alter zu fördern.

Eine übermäßige Gabe von ergänzenden Nährstoffen kann jedoch zu Gesundheitsproblemen führen. Daher sollten ergänzende Nährstoffe immer unter Aufsicht eines Tierarztes verabreicht werden, um eine sichere und effektive Behandlung zu gewährleisten.

Durchweg kann die Förderung der Gesundheit durch ergänzende Nährstoffe eine wertvolle Ergänzung zu einer ausgewogenen Ernährung sein. Indem du die Bedürfnisse deines Hundes erkennst und eine sichere und effektive Verabreichung von ergänzenden Nährstoffen gewährleistest, kannst du dazu beitragen, dass dein Hund gesund und glücklich bleibt.

Omega-3-Fettsäuren sind eine Art von ungesättigten Fettsäuren, die für den Körper des Hundes wichtig sind. Sie spielen eine große Rolle bei der Gesundheit des Herz-Kreislauf-Systems, der Gelenke, der Haut und des Felles.

Einige Beispiele für Omega-3-Fettsäuren sind EPA (Eicosapentaensäure) und DHA (Docosahexaensäure). Diese Fettsäuren können in bestimmten Lebensmitteln wie fettem Fisch, Leinöl und Algen gefunden werden. Einige Hundefutter enthalten Omega-3-Fettsäuren, doch es kann notwendig sein, sie durch ergänzende Nahrungsergänzungsmittel zu verabreichen, um den Bedarf des Hundes zu decken.

Die Bedeutung von Omega-3-Fettsäuren für den Hund kann bei der Behandlung und Vorbeugung von Gesundheitsproblemen wie Arthritis, Herzerkrankungen, Hautproblemen und Depression helfen. Sie können auch die Gehirngesundheit und das Lernvermögen verbessern und die kognitiven Funktionen im Alter unterstützen. Bei kognitiven Fähigkeiten handelt es sich um Wahrnehmung durch Sinne. Die Sinne sind: Sehen, Riechen, Hören, Schmecken, Fühlen, Tasten. Die Sinnesorgane sind erforderlich zur Aufnahme und Verarbeitung von Reizen.

Bitte beachte dabei, dass zu viel Omega-3-Fettsäuren auch negative Auswirkungen haben können, wie eine geringere Blutgerinnung und Störungen im Verdauungstrakt. Daher sollten Omega-3-Fettsäuren immer unter Aufsicht eines Tierarztes verabreicht werden, um eine sichere und effektive Behandlung zu gewährleisten.

So sind also Omega-3-Fettsäuren ein wichtiger Bestandteil der Ernährung des Hundes und können einen positiven Einfluss auf die Gesundheit haben. Indem Du den Bedarf deines Hundes an Omega-3-Fettsäuren erkennst und sicherstellst, dass er diese Nährstoffe erhält, kannst Du dazu beitragen, dass Dein Hund gesund und glücklich bleibt.

Verringerung von allergischen Reaktionen und Unverträglichkeiten

Hunde können wie Menschen von allergischen Reaktionen und Unverträglichkeiten gegen bestimmte Lebensmittel betroffen sein. Dies kann zu Symptomen wie Hautproblemen, Verdauungsstörungen und Atemwegserkrankungen führen. Um dies zu vermeiden oder zu behandeln, ist es wichtig, den individuellen Nährstoffbedarf des Hundes zu berücksichtigen und gegebenenfalls auf eine spezielle Diät umzustellen. Wenn Du dich mit diesem Gedanken beschäftigst, dann ist es auf jeden Fall geboten sich den Rat deines Tierarztes einzuholen.

Anpassung an spezielle Diätbedürfnisse (z.B. Gewichtsreduktion)

Eine spezielle Diät kann helfen, allergische Reaktionen und Unverträglichkeiten zu reduzieren, indem sie unverträgliche Lebensmittel ausschließt und geeignete Ersatzstoffe bereitstellt. Zum Beispiel kann eine hypoallergene Diät auf Basis von hydrolysiertem Protein und Kartoffeln helfen, allergische Reaktionen gegenüber bestimmten Proteinquellen zu reduzieren. Eine Diät mit niedrigem glykämischen Index kann auch hilfreich sein, um bei Hunden mit Insulinresistenz und Übergewicht eine gesunde Gewichtskontrolle zu erreichen.

In manchen Fällen kann die Supplementierung von bestimmten Nährstoffen wie Omega-3-Fettsäuren auch die Gesundheit des Hundes fördern und allergische Reaktionen und Unverträglichkeiten reduzieren. Omega-3-Fettsäuren sind wichtig für die Haut- und Fellgesundheit, die Entzündungsreaktionen und das

Immunsystem. Sie können auch helfen, Entzündungen bei Hunden mit Arthritis und anderen Gelenkerkrankungen zu reduzieren.

Es ist wichtig zu beachten, dass eine spezielle Diät oder Supplementierung nur unter Aufsicht eines Tierarztes durchgeführt werden sollte. Eine unangemessene Ernährung kann zu Mangelerscheinungen und anderen gesundheitlichen Problemen führen. Ein Tierarzt kann den individuellen Nährstoffbedarf des Hundes bestimmen und wird dir empfehlen, welche Diät oder Supplementierung am besten geeignet ist.

Eine Diät zur Gewichtsreduktion beim Hund sollte sorgfältig geplant und überwacht werden, um gesundheitliche Probleme zu vermeiden. Eine Diät heißt nicht: „weniger ist mehr", sondern eher: „Mach es richtig, damit es besser wird!" Hier sind einige Schritte, die bei der Planung einer solchen Diät beachtet werden sollten:

- **Überprüfung durch einen Tierarzt**: bevor du mit einer Diät für deinen Hund beginnst, solltest du deinen Hund von einem Tierarzt untersuchen lassen, um sich zu sein, dass keine gesundheitlichen Probleme vorliegen, die das Abnehmen erschweren könnten
- **Bestimmung des idealen Gewichts**: Dein Tierarzt kann dir sagen, welches Gewicht für deinen Hund ideal ist, basierend auf Größe, Rasse und Alter
- **Änderung der Fütterungsgewohnheiten**: Verringere die Menge an Futter, die du deinem Hund gibst, und erhöhe gleichzeitig die Menge an Bewegung, um die Kalorienaufnahme zu reduzieren
- **Überwachung des Fortschritts**: Überwache regelmäßig das Gewicht Deines Hundes, um sicherzustellen, dass er abnimmt, aber nicht zu schnell. Wenn dein Hund zu schnell abnimmt, kann dies gesundheitliche Probleme verursachen
- **Angepasste Ernährung**: Überlege, ob Du eine spezielle Diät wie eine kalorienarme oder eine proteinreiche Ernährung für deinen Hund in Erwägung ziehen möchtest. Überprüfe mit deinem Tierarzt, welche Optionen am besten für Deinen Hund geeignet sind.

Eine Diät zur Gewichtsreduktion sollte langsam und sorgfältig geplant werden, um gesundheitliche Probleme zu vermeiden.

Allergene und giftige Lebensmittel für Hunde

Hunde sind bekannt dafür, dass sie alles fressen, was ihnen unter die Nase kommt. Es ist aber wichtig, dass du bestimmte Lebensmittel vermeidest, die für deinen Hund allergisch oder giftig sein können. Hier sind einige der gängigsten allergieauslösenden und giftigen Lebensmittel für Hunde:

- Schokolade enthält Theobromin, das für Hunde giftig ist.
- Avocado enthält Persin, dass bei Hunden Übelkeit, Erbrechen und Durchfall verursachen kann.
- Xylitol ein häufiger Zuckerersatz, der bei Hunden zu Leberversagen führen kann.
- Zwiebeln und Knoblauch enthalten sulfidische Verbindungen, die bei Hunden zu Blutarmut führen können
- Koffein kann Übelkeit, Erbrechen, Herzklopfen und sogar Herzstillstand verursachen.
- Apfelkerne, Kirschkernen und einige Arten von Nüssen enthalten Cyanide, die bei Hunden zu Atemproblemen und Herzstillstand führen können
- Macadamia-Nüsse können bei Hunden Übelkeit, Erbrechen, Fieber und sogar Lähmungen verursachen.

Achte darauf, dass alle Lebensmittel, die du deinem Hund gibst, auch wirklich für ihn geeignet sind. Nicht alles, was für uns lecker und gesund ist, bekommt auch unseren Vierbeinern. Wenn du den Verdacht hast, dass dein Hund etwas Unverträgliches gefressen hat, suche am besten sofort tierärztliche Hilfe – lieber einmal zu viel gefragt als einmal zu wenig.

welche Zutaten sind sinnvoll?

Ich gehe davon aus, dass du gerne kochst und dein Haushalt dementsprechend „normal" ausgestattet ist. Für selbstgemachte Hundeleckerli kannst Du folgende Zutaten verwenden:

- Haferflocken, Hafervollkornflocken
- Vollkornmehl (Weizen, Dinkel, dunkler Roggen) als Grundlage
- Hafermehl
- reines Hühner- oder Rinderfleisch, Fisch oder Gemüse als Hauptzutat
- Eier als Bindemittel
- gekochte Kartoffeln oder Süßkartoffeln zur Stärkung

- nährstoffreiche Zutaten wie Haferflocken, Hüttenkäse, Leinsamen oder natürliche Erdnussbutter für zusätzliche Nährstoffe
- Öle wie zum Beispiel; Olivenöl, Sonnenblumenöl, Rapsöl, Leinöl
- Kräuter eignen sich ebenfalls für Hundeleckerli. Sie sind für Hunde im Allgemeinen gut verträglich. So zum Beispiel:
  - Basilikum
  - Majoran
  - Minze
  - Petersilie
  - Pfefferminze: einige Hunde reagieren empfindlich auf Pfefferminze und es besser, andere Kräuter zu verwenden oder Pfefferminze nur in geringeren Mengen zu verwenden. Übermäßiger Konsum von Pfefferminze kann bei einigen Hunden Magen-Darm-Beschwerden verursachen.
  - Rosmarin
  - Thymian

Sowohl frische als auch getrocknete Kräuter können für die Herstellung von Hundeleckerli verwendet werden, aber sie sollten auf unterschiedliche Weise eingesetzt werden. Frische Kräuter können direkt im Teig verwendet werden, entweder fein gehackt oder püriert. Kräuter müssen vorher gründlich gewaschen werden, um alle Schmutz- und Schadstoffe zu entfernen. Außerdem sollten die Kräuter in kleinen Mengen verwendet werden, um sicher zu sein, dass sie den Geschmack nicht überwältigen oder den Teig zu feucht machen.

Getrocknete Kräuter werden in der Regel vor der Verwendung im Teig gemahlen, um eine feinere Konsistenz zu erzielen. Dadurch wird sichergestellt, dass sie sich gleichmäßig im Teig verteilen und der Geschmack gleichmäßiger ist. Achte bitte darauf, dass die getrockneten Kräuter frisch und von hoher Qualität sind, um den besten Geschmack und die besten Nährstoffe zu gewährleisten.

In jedem Fall sollten Kräuter in Maßen verwendet werden, da zu viel von einem bestimmten Kraut zu Magenproblemen bei Hunden führen kann. Wenn du dir nicht sicher bist, welche Kräuter sicher für deinen Hund geeignet sind, konsultiere am besten deinen Tierarzt oder einen Tierernährungsberater, bevor du selbstgemachte Leckerli herstellst.

Für die Zubereitung von Hundeleckerli eignen sich folgende Gemüsesorten besonders gut

- Auberginen

- Erbsen, gut gekocht und ohne Hülsen verwenden
- Karotten
- Kartoffeln
- Süßkartoffeln
- Rote Beete
- Zucchini

Lebensmittel, die für Hunde unverträglich/giftig sind

- Alkohol
- Artischocken
- Avocados
- Bohnen (inklusive Sojabohnen, Kidneybohnen und Lima-Bohnen)
- Gewürze wie Pfeffer, Muskatnuss, Chillies
- Graupen
- Koffein
- Kohl (inklusive Brokkoli, Blumenkohl und Rosenkohl)
- Macadamianüsse
- Mais
- Milchprodukte (für manche Hunde)
- Pfifferlinge
- Pflaumen, Pfirsiche und Aprikosen (inklusive Kernen und Stecken)
- Pilze
- Rettich
- Rohrzucker und andere Süßstoffe
- Schokolade

Vermeide auch Öle mit hohem Anteil an ungesättigten Fettsäuren, wie z.B. Distelöl oder Walnussöl, da diese für Hunde unverträglich sein können.

Sprich immer mit deinem Tierarzt, ob ein zuvor noch nicht verfüttertes Lebensmittel auch für deinen Hund geeignet ist, denn das ist von Hund zu Hund verschieden.

Gerätschaften zur Herstellung von Hundeleckerli

Die Herstellung von Hundeleckerli kann eine lohnende und befriedigende Tätigkeit für jeden Hundebesitzer sein, die ihre Hunde mit gesunden und leckeren Snacks verwöhnen möchten. Es gibt eine Vielzahl von Gerätschaften auf dem Markt, die die Herstellung von Hundeleckerli erleichtern können.

Zu den grundlegenden Gerätschaften gehört ein Backofen, um die Leckerli zu backen. Es gibt auch spezielle Hundeleckerli-Backformen, die in verschiedenen Formen und Größen erhältlich sind, um die Kreativität der Hundebesitzer zu fördern.

Für diejenigen, die Trockenfutter als Leckerli verwenden möchten, gibt es spezielle Futtertrockner auf dem Markt. Diese Geräte trocknen das Futter bei niedriger Temperatur, um sicherzustellen, dass alle Nährstoffe erhalten bleiben.

Auch gibt es spezielle Geräte, die das Schneiden von Hundeleckerli erleichtern. Einige dieser Geräte haben einstellbare Schneidebretter, um unterschiedliche Größen von Leckerli zu produzieren. Andere haben spezielle Ausstechformen, die die Leckerli in verschiedenen Formen und Größen schneiden.

Wer gerne seine Kreativität bei der Herstellung von Hundeleckerli ausleben möchte, kann auch eine spezielle Spritztüte verwenden. Mit einer solchen Tüte kann man die Leckerli in verschiedenen Formen und Mustern gestalten.

Für den Einstieg in die selbstgemachten Hundeleckerli empfehle ich jedoch auf all das zu verzichten und erst einmal mit dem vorlieb zu nehmen, was sich in einem „normalen" Haushalt auch finden lässt. Ich verwende gerne „normale", metallische Ausstechformen für Kekse, die es für nahezu jeden Anlass gibt. Sie sind nachhaltig und langlebig, auch ist die Anschaffung kostengünstig.

Später kann man über einen Dörrautomaten nachdenken. Ein Dörrautomat kann eine wertvolle Hilfe bei der Herstellung von Hundeleckerli sein. Es handelt sich dabei um ein elektrisches Gerät, das Feuchtigkeit aus Lebensmitteln wie Fleisch, Obst und Gemüse entfernt, um sie länger haltbar zu machen.

Die Backunterlage

Backunterlagen sind hilfreich und nützlich. Es geht jedoch auch ohne. Ein normales Backblech ist für den Anfang völlig ausreichend.

Noch ein Wort zu Backpapier. Backpapier besteht in der Regel aus Papier oder Pappe, die mit Silikon oder einer ähnlichen Beschichtung versehen wurde, um das Anhaften von Teig oder Lebensmitteln zu verhindern. Das klingt nicht nach Umweltfreundlichkeit. Herkömmliches Backpapier kann nach dem Gebrauch nicht recycelt werden und trägt somit zur Umweltverschmutzung bei. Es gibt jedoch alternative, umweltfreundlichere Optionen wie wiederverwendbare Backpapier aus kompostierbarem Papier. Andere Alternativen sind ebenfalls nachhaltig, wie beispielsweise:

- Dauerbackfolien aus Teflon oder anderen beschichteten Materialien
- wiederverwendbare Backfolien aus Glasfaser
- Backblech und Auflaufformen mit Antihaftbeschichtung

Aufbewahren und Transportieren von Leckerli

Hier sind einige Tipps zum Aufbewahren und Transportieren von Hunde-Leckerli

- Aufbewahrung: Verwende luftdichte Behälter oder Beutel, um das Aroma und die Frische der Leckerli zu erhalten. Vermeide extreme Temperaturen und Feuchtigkeit
- Transport: Verwende eine bequeme Tasche oder einen Rucksack, um Leckerli auf Spaziergängen und Ausflügen mitzunehmen. Ganz toll sind auch selbst genähte Leckerli- Beutel oder Leckerli-Taschen, diese wird dein Hund nach kurzer Zeit wiedererkennen. Vermeide den Transport in losem Zustand, da sie leicht verloren gehen können und die Leckerli können dadurch auch verschmutzen
- Hygiene; Halte die Leckerli sauber und frei von Schmutz und anderen Verunreinigungen. Wasche regelmäßig deine Aufbewahrungsbehälter und Transporttaschen
- Sortierung: Überlege dir, welche Leckerli du für welche Aktivitäten benötigst, und sortieren sie entsprechend. So hast du sie schnell zur Hand, wenn du sie benötigst

Haltbarkeit von selbstgemachten Hunde-Leckerli

Selbstgemachte Hunde-Leckerli sind eine beliebte Möglichkeit, um sicherzustellen, dass der geliebte Vierbeiner gesunde, natürliche und somit unverfälschte Snacks erhält. Bei der Herstellung von Hunde-Leckerli ist es wichtig, auf die Haltbarkeit zu achten, um sicherzustellen, dass sie sicher und gesund für den Hund sind. Es gibt verschiedene Faktoren, die die Haltbarkeit

26

von selbstgemachten Hunde-Leckerli beeinflussen können, einschließlich der Art der Zutaten, der Lagerung und der Herstellungsmethode.

Hochwertige und frische Zutaten zu verwenden ist wohl das wesentlichste Merkmal. Verwende niemals abgelaufene Zutaten oder solche, die bereits Anzeichen von Verderb aufweisen. Frische, natürliche und unverfälschte Zutaten sollten die Basis für jedes selbstgemachte Hunde-Leckerli sein.

Ein weiterer wichtiger Faktor für die Haltbarkeit von selbstgemachten Hunde-Leckerli ist die Lagerung. Hunde-Leckerli sollten immer in einem luftdichten Behälter oder Beutel aufbewahrt werden, um sie vor Feuchtigkeit und Luft zu schützen. Lagere die Leckerli an einem kühlen, trockenen Ort, vorzugsweise bei Raumtemperatur oder im Kühlschrank.

Es gibt keine genaue Haltbarkeitsdauer für selbstgemachte Hunde-Leckerli, da dies von verschiedenen Faktoren abhängt. Je nach den verwendeten Zutaten, der Lagerung und der Herstellungsmethode können sie zwischen einigen Tagen und mehreren Wochen haltbar sein. Einige Leckerli können sogar länger haltbar sein, wenn sie tiefgefroren werden.

Überprüfe daher regelmäßig deine selbstgemachten Hunde-Leckerli auf Anzeichen von Verderb. Wenn die Leckerli ihre Farbe oder Konsistenz verändern oder unangenehm riechen, solltest du sie wegwerfen.

Rezepte für selbstgemachte Hundeleckerli

Was schmeckt meinem Hund?

Hunde haben einen guten Geschmackssinn, der jedoch anders als bei Menschen funktioniert. Während Menschen ungefähr 9.000 Geschmacksknospen auf der Zunge haben, haben Hunde nur etwa ein Sechstel dieser Anzahl, also etwa 1.500 Geschmacksknospen.

Allerdings haben Hunde ein ausgeprägtes Riechsystem, dass eng mit dem Geschmackssinn verbunden ist. Hunde nutzen ihren Geruchssinn, um die Aromen von Lebensmitteln wahrzunehmen und zu unterscheiden. Sie haben spezielle Rezeptoren im Maul, die ihnen helfen, bestimmte Geschmacksrichtungen zu erkennen.

Ein weiterer Unterschied zum menschlichen Geschmackssinn ist, dass Hunde im Allgemeinen weniger empfindlich auf bittere Geschmacksrichtungen reagieren. Das liegt daran, dass Hunde im Laufe ihrer Evolution dazu tendierten, Fleisch zu fressen, was einen geringeren Bedarf an Bittergeschmackswahrnehmung zur Folge hatte.

Der Geschmackssinn von Hunden ist also anders als der von Menschen, aber keineswegs weniger wichtig für sie, um ihre Nahrung zu finden und zu genießen.

Ein weiterer wichtiger Unterschied im Geschmackssinn von Hunden im Vergleich zu Menschen ist, dass Hunde eine Vorliebe für salzige und fettige Lebensmittel haben. Dies ist auf ihre natürliche Ernährung zurückzuführen, da sie in der Wildnis oft Fleisch und andere Proteinquellen fressen, die reich an Salz und Fett sind.

Hunde haben auch die Fähigkeit, verschiedene Aromen in Lebensmitteln zu erkennen und zu unterscheiden. Sie können zum Beispiel zwischen verschiedenen Fleischarten wie Rind, Huhn oder Fisch unterscheiden und bevorzugen oft den Geschmack von Fleisch gegenüber pflanzlichen Lebensmitteln.

Ein weiterer interessanter Fakt ist, dass Hunde im Gegensatz zu Menschen keinen süßen Geschmack wahrnehmen können. Das liegt daran, dass Hunde keine Rezeptoren haben, die Zucker erkennen können. Daher haben süße Lebensmittel für Hunde meistens keinen besonderen Reiz.

allgemeine Hinweise zu den Rezepten.

Denk daran: Was für deine Küche gilt, gilt auch fürs Hundemenü, sauberes Küchenwerkzeug ist das A und O. Schließlich soll dein Vierbeiner ja keine Keime mitserviert bekommen, sondern nur Liebe und Leckerli. Achte darauf, dass die Leckerli ausreichend gebacken oder getrocknet sind, um so sicherzustellen, dass sie vollständig durchgegart und haltbar sind.

Wenn du Leckerli selbst herstellst, achte darauf, dass sie zur Größe deines Hundes passen. Ein Yorkshire Terrier freut sich eher über kleine Häppchen, was für einen Labrador nur ein Krümel ist. Bedenke bereits bei der Herstellung, dass du eine Größe für die Leckerli wählst, die für dich praktisch und für deinen Hund geeignet ist. Ein kleiner Hund wird nicht in der Lage sein, eine große Leckerei zu kauen und zu schlucken, während ein großer Hund eine kleine Leckerei kaum bemerken wird.

Eine gute Faustregel ist, dass die Größe der Leckerli etwa der Größe des Mundes deines Hundes entsprechen sollte. Wenn dein Hund klein ist, solltest du also kleinere Leckerli herstellen, während ein großer Hund größere Leckerli benötigt. Dies kann auch die Teilbarkeit der Leckerli beeinflussen - kleinere Leckerli können leichter in kleinere Stücke gebrochen werden, um als kleiner Snack oder als Belohnung während des Trainings zu dienen. Diese Teilung kann bereits vor dem Backen angedeutet werden, sodass später die Leckerli eine Soll-Bruchstelle haben.

Bei der Herstellung von Hunde-Leckerli ist auch die Backzeit wichtig. Größere Leckerli benötigen mehr Zeit im Backofen als kleinere Leckerli. Für alle gilt jedoch, dass die Leckerli vollständig durchgebacken sein müssen, um sicherzustellen, dass sie sicher für deinen Hund zu fressen sind. Ich gebe in den Rezepten dafür eine Backzeit an, jedoch sind das nur Richtwerte für einen Backofen mit Umluft. Jeder Herd ist anders, somit auch die Temperaturverteilung innerhalb des Backofens. So wie auch die Temperaturangaben nur Richtwerte sind, so ist auch die Backzeit nur ein Richtwert.

Bei größeren und dickeren Leckerli hat sich als hilfreich erwiesen, diese mit einer Gabel mehrfach einzustechen. Das kann die Backzeit erheblich verkürzen und hilfreich bei der Teilung sein.

Nach dem Backen können die Leckerli bei leicht geöffneter Backofentür zum vollständigen Abkühlen bleiben. So können sie langsam und gleichmäßig abkühlen. Am besten ist es, die Leckerli 24 Stunden trocknen lassen.

Die Mengenangabe in den Rezepten habe ich so ausgewählt, dass sie für einen normalen Haushalt machbar sind. Im Durchschnitt lassen sich daraus 1 bis 2 Backbleche mit Leckerli herstellen.

Und hier sind nun meine Rezepte. Ich bin mir sicher, dass dein Hund diese Leckerli lieben wird!

Rezepte für Hundeleckerli mit Dinkelmehl

Dinkelmehl ist eine beliebte Alternative zu Weizenmehl in der menschlichen Ernährung aufgrund seiner höheren Nährstoffdichte und seines niedrigeren Gluten-Gehalts. Es ist auch möglich, Dinkelmehl in der Hunde-Ernährung zu verwenden, obwohl es einige Faktoren zu berücksichtigen gibt.

Dinkelmehl enthält mehr Protein, Ballaststoffe, Vitamine und Mineralstoffe als Weizenmehl, was es zu einer gesünderen Option für Hunde macht. Der niedrigere Gluten-Gehalt kann dazu beitragen, Allergien oder Empfindlichkeiten bei einigen Hunden zu reduzieren.

Bei der Verwendung von Dinkelmehl in der Hunde-Ernährung sollte darauf geachtet werden, dass es in angemessenen Mengen und in Verbindung mit anderen gesunden Zutaten verwendet wird. Ein zu hoher Anteil an Dinkelmehl in der Ernährung deines Hundes kann zu Verdauungsproblemen führen.

Beachte bitte, dass Dinkelmehl immer noch Gluten enthält, wenn auch in geringerem Maße als Weizenmehl. Wenn dein Hund an einer Gluten-Unverträglichkeit leidet, solltest du Dinkelmehl vermeiden.

Dinkelmehl kann eine gesunde und nahrhafte Zutat in der Hunde-Ernährung sein, wenn es in Maßen und in Verbindung mit anderen gesunden Zutaten verwendet wird. Bevor du den Speiseplan deines Hundes auf den Kopf stellst, schnapp dir lieber kurz dein Telefon; Tierarzt oder Ernährungsprofi wissen, was im Napf wirklich Sinn macht. So bleibt dein Vierbeiner gut versorgt und du kannst mit gutem Gefühl Leckerli-Koch oder Futterchef werden.

Dinkel-Käse-Kekse

Zutaten

- 300g Dinkelmehl
- 2 Eier
- 100g Hüttenkäse
- 4 EL Öl

Zubereitung

1. Backofen auf 180 °C vorheizen
2. Dinkelmehl, Eier, Hüttenkäse und Öl in eine Schüssel geben und gut vermengen
3. Teig auf einer bemehlten Arbeitsfläche ausrollen und mit einem Hundekeksausstecher oder einem Glas formen
4. auf ein Backblech mit Backunterlage auslegen und 15-20 Minuten backen, bis sie goldbraun gebacken sind
5. abkühlen lassen und aufbewahren

Dinkel-Bananen-Kekse

Zutaten

- 200g Dinkelmehl
- 1 reife Banane
- 2 EL Honig
- 1 Ei

Zubereitung

1. vermische das Dinkelmehl, die zerdrückte Banane, den Honig und das Ei in einer Schüssel
2. rolle den Teig aus und schneide ihn in die gewünschte Form
3. backe die Kekse bei 180 °C für 20-25 Minuten im Backofen
4. gut auskühlen lassen

Dinkel-Fleisch-Kekse

Zutaten

- 200g Dinkelvollkornmehl
- 100g Hackfleisch (gekocht)
- 2 EL Öl
- 1 Ei

Zubereitung

1. vermische das Dinkelmehl, das Hackfleisch, das Öl und das Ei in einer Schüssel
2. rolle den Teig aus und schneide ihn in die gewünschte Form
3. backe die Kekse bei 180 °C für 20-25 Minuten im Backofen
4. gut auskühlen lassen

Dinkel-Karotten-Taler

Zutaten

- 200g Dinkelvollkornmehl

- 2 mittelgroße Karotten (gerieben)
- 2 EL Öl
- 1 Ei

<u>Zubereitung</u>

1. vermische das Dinkelmehl, die geriebenen Karotten, das Öl und das Ei in einer Schüssel
2. rolle den Teig aus und schneiden ihn zu Taler
3. backe die Taler bei 180 °C für 20-25 Minuten im Backofen
4. gut auskühlen lassen

Dinkel-Puten-Kekse

<u>Zutaten</u>

- 200g Dinkelvollkornmehl
- 100g gekochte Putenbrust (zerkleinert)
- 2 EL Öl
- 1 Ei

<u>Zubereitung</u>

1. vermische das Dinkelmehl, das zerkleinerte Putenfleisch, das Öl und das Ei in einer Schüssel
2. rolle den Teig aus und schneide ihn in die gewünschte Form
3. backe die Kekse bei 180 °C für 20-25 Minuten im Backofen
4. gut auskühlen lassen

Dinkel-Haferflocken-Kekse

Zutaten

- 200g Dinkelvollkornmehl
- 100g zarte Haferflocken oder Hafervollkornflocken
- 100g Pflanzenöl (z. Bsp. Sonnenblumenöl)
- 100g Hühnerbrühe (ungesalzen)
- 1 Ei

Zubereitung

1. vermische alles gut miteinander in einer Schüssel
2. rolle den Teig aus und schneide ihn in die gewünschte Form
3. backe die Kekse bei 180 °C für 20-25 Minuten im Backofen
4. gut auskühlen lassen

Dinkel-Karotten-Kekse

Zutaten

- 200g Dinkelvollkornmehl
- 100g fein geraspelte Karotten
- 50g zarte Haferflocken oder Hafervollkornflocken
- 50g Pflanzenöl (z. Bsp. Sonnenblumenöl)
- 50g Hühnerbrühe (ungesalzen)

Zubereitung

1. vermische alles gut miteinander in einer Schüssel
2. rolle den Teig aus und schneide ihn in die gewünschte Form
3. backe die Kekse bei 180 °C für 20-25 Minuten im Backofen
4. gut auskühlen lassen

Thunfisch-Dinkel-Kekse

Zutaten

- 200g Dinkelvollkornmehl

33

- 100g Thunfisch in Öl
- 50g Rapsöl
- 50g Hühnerbrühe (ungesalzen)
- 1 Ei

Zubereitung

1. vermische alles gut miteinander in einer Schüssel
2. rolle den Teig aus und schneide ihn in die gewünschte Form
3. backe die Kekse bei 180 °C für 20-25 Minuten im Backofen
4. gut auskühlen lassen

Leberwurst-Dinkel-Kekse

Zutaten

- 200g Dinkelvollkornmehl
- 100g feine Geflügelleberwurst
- 50g Oliven
- 50g Hühnerbrühe (ungesalzen)
- 1 Ei

Zubereitung

1. vermische alles gut miteinander in einer Schüssel
2. rolle den Teig aus und schneide ihn in die gewünschte Form
3. backe die Kekse bei 180 °C für 20-25 Minuten im Backofen
4. gut auskühlen lassen

Rezepte für Hundeleckerli mit Kartoffeln

Kartoffeln sind eine beliebte Zutat in der Hunde-Ernährung. Sie können eine nahrhafte Ergänzung zum Hundefutter sein und eignen sich gut zur Herstellung von selbstgemachten Hunde-Leckerli. Sie enthalten Kohlenhydrate, Ballaststoffe, Vitamine und Mineralstoffe, die für die Gesundheit und das Wohlbefinden von Hunden wichtig sind.

Wenn Kartoffeln in der Hunde-Ernährung verwendet werden, sollten sie jedoch richtig zubereitet und serviert werden. Rohe Kartoffeln und grüne Kartoffeln enthalten Solanin, eine chemische Verbindung, die bei Hunden Verdauungsprobleme verursachen und in größeren Mengen sogar giftig sein kann. Daher sollten Kartoffeln immer gekocht oder gebacken werden, bevor sie an Hunde verfüttert werden.

Es ist wichtig, dass Kartoffeln nicht in zu großen Mengen in der Hunde-Ernährung verwendet werden. Kartoffeln sind eine Kohlenhydratquelle und können bei Hunden zu Gewichtszunahme führen, wenn sie in großen Mengen gefüttert werden. Es ist am besten, Kartoffeln als gelegentliche Ergänzung zum Hundefutter zu verwenden und nicht als Hauptbestandteil der Ernährung deines Hundes.

Wenn du Kartoffeln in die Ernährung deines Hundes einbeziehen möchtest, kannst du sie auf verschiedene Arten zubereiten, z. B. gekocht, gebacken oder als Zutat in selbstgemachten Hunde-Leckerlis.

Kartoffeln können also eine nahrhafte und gesunde Ergänzung zur Hunde-Ernährung sein, wenn sie richtig zubereitet und in Maßen verwendet werden. Es ist jedoch immer ratsam, sich an einen Tierarzt oder Ernährungsberater für Hunde zu wenden, um sicherzustellen, dass dein Hund alle notwendigen Nährstoffe erhält und gesund bleibt.

Kartoffelkekse

Zutaten

- 300g Dinkelvollkornmehl
- 2 Eier
- 200g gekochte und zerdrückte Kartoffeln
- 4 EL Öl

Zubereitung

1. Backofen auf 180 °C vorheizen.
2. Dinkelmehl, Eier, zerdrückte Kartoffeln und Öl in eine Schüssel geben und gut vermengen
3. Teig auf einer bemehlten Arbeitsfläche ausrollen und mit einem Ausstecher oder einem Glas formen
4. auf ausgelegtes Backblech mit Backunterlage auslegen und 15-20 Minuten backen, bis sie goldbraun sind
5. gut abkühlen lassen und aufbewahren

Kartoffel-Thunfisch-Kekse

<u>Zutaten</u>

- 200g Mehl (z.B. Dinkelvollkornmehl)
- 200g gekochte und pürierte Kartoffeln
- 100g Thunfisch in Öl
- 1 Ei

<u>Zubereitung</u>

1. Kartoffeln kochen, pürieren und mit Mehl, Thunfisch und Ei in eine Schüssel geben
2. alles gut kneten und ausrollen
3. ausstechen oder formen und auf ein ausgelegtes Backblech mit Backunterlage auslegen
4. bei 180 °C für 20-25 Minuten backen
5. gut abkühlen lassen

Kartoffel-Haferflocken-Kekse

<u>Zutaten</u>

- 200g Mehl (z.B. Dinkelvollkornmehl)
- 200g gekochte und pürierte Kartoffeln
- 100g Haferflocken
- 1 Ei

<u>Zubereitung</u>

1. Kartoffeln kochen, pürieren und mit Mehl, Haferflocken und Ei in eine Schüssel geben
2. alles gut kneten und ausrollen
3. ausstechen oder formen und auf ein Backblech mit Backunterlage auslegen
4. bei 180 °C für 20-25 Minuten backen
5. gut auskühlen lassen

Kartoffel-Leberwurst-Kekse

Zutaten

- 200g Mehl (z.B. Dinkelvollkornmehl)
- 200g gekochte und pürierte Kartoffeln
- 100g Leberwurst (Kalb oder Geflügel)
- 1 Ei

Zubereitung

1. Kartoffeln kochen, pürieren und mit Mehl, Leberwurst und Ei in eine Schüssel geben
2. alles gut kneten und ausrollen
3. ausstechen oder formen und auf ein Backblech mit Backunterlage auslegen
4. bei 180 °C für 20-25 Minuten backen
5. gut auskühlen lassen

Kartoffel-Karotten-Kekse

Zutaten

- 200g Mehl (z.B. Dinkelvollkornmehl)
- 200g gekochte und pürierte Kartoffeln
- 100g geriebene Karotten
- 1 Ei

Zubereitung

1. Kartoffeln kochen, pürieren und mit Mehl, geriebenen Karotten und Ei in eine Schüssel geben
2. alles gut kneten und ausrollen
3. ausstechen oder formen und auf ein Backblech mit Backunterlage bringen
4. bei 180 °C für 20-25 Minuten backen
5. gut auskühlen lassen

Kartoffel-Käse-Kekse

- 200g Mehl (z.b. Dinkelvollkornmehl)
- 200g gekochte und pürierte Kartoffeln
- 100g geriebener Käse
- 1 Ei

Zubereitung

1. Kartoffeln kochen, pürieren und mit Mehl, geriebenem Käse und Ei in eine Schüssel geben, alles gut kneten und ausrollen
2. ausstechen oder formen und auf ein Backblech mit Backunterlage legen
3. bei 180 °C für 20-25 Minuten backen
4. gut auskühlen lassen

Rezepte für Hundeleckerli mit Roggenmehl

Roggenmehl kann eine gesunde Alternative zu Weizenmehl in der Hunde-Ernährung sein. Es enthält weniger Gluten als Weizenmehl und ist eine gute Quelle für Ballaststoffe, Vitamine und Mineralstoffe, die wichtig für die Gesundheit und das Wohlbefinden von Hunden sind.

Wenn Roggenmehl in der Hunde-Ernährung verwendet wird, sollten jedoch einige Dinge beachtet werden. Eine zu hohe Menge an Roggenmehl in der Ernährung Ihres Hundes kann zu Verdauungsproblemen führen, insbesondere wenn dein Hund empfindlich auf Getreide reagiert.

Roggenmehl enthält immer noch Gluten, wenn auch in geringerem Maße als Weizenmehl. Wenn dein Hund an einer Gluten-Unverträglichkeit leidet, sollte Roggenmehl vermieden oder es nur in kleinen Mengen verwendet werden.

Ein weiterer wichtiger Faktor bei der Verwendung von Roggenmehl in der Hunde-Ernährung ist die Art der Zubereitung. Wenn du Roggenmehl für selbstgemachtes Hundefutter oder Leckerlis verwendest, achte darauf, dass alle Zutaten gut vermischt und gründlich gegart sind. So stellst du sicher, dass dein Hund das Futter gut verträgt und alle wichtigen Nährstoffe bekommt.

Roggenmehl kann eine gesunde und nahrhafte Ergänzung zur Hunde-Ernährung sein, wenn es in Maßen und auf die individuellen Bedürfnisse deines Hundes abgestimmt wird. Es ist jedoch immer ratsam, sich an einen Tierarzt oder Ernährungsberater für Hunde zu wenden, um sicherzustellen, dass dein Hund alle notwendigen Nährstoffe erhält und somit gesund bleibt.

Roggen-Apfel-Leckerli

Zutaten

- 150g Roggenvollkornmehl
- 50g Haferflocken
- 50g geriebener Apfel
- 2 EL Honig
- 1 Ei

Zubereitung

1. alle Zutaten in einer Schüssel vermengen, bis ein fester Teig entsteht
2. forme kleine Bällchen oder andere Formen und setze sie auf ein auf Backblech mit Backunterlage
3. backe die Leckerli bei 180 °C für etwa 15-20 Minuten, bis sie fest sind
4. gut abkühlen lassen

Roggen-Hüttenkäse-Leckerli

Zutaten

- 150g Roggenvollkornmehl
- 50g Haferflocken
- 200g Hüttenkäse
- 1 Ei
- optional Petersilie oder andere Kräuter nach Geschmack

Zubereitung

1. alle Zutaten in einer Schüssel vermengen Schüssel, bis ein fester Teig entsteht

2. forme kleine Bällchen oder andere Formen und bringe sie auf ein Backblech mit Backunterlage
3. backe die Leckerli bei 180 °C für etwa 15-20 Minuten, bis sie knusprig sind
4. gut auskühlen lassen

Roggen-Rindfleisch-Leckerli

Zutaten

- 200g Roggenvollkornmehl
- 100g Rindfleisch, gekocht und fein gehackt
- 1 Ei
- 2 EL Olivenöl

Zubereitung

1. alle Zutaten in einer Schüssel vermengen, bis ein fester Teig entsteht
2. forme kleine Bällchen oder andere Formen und gebe sie auf ein Backblech mit Backunterlage
3. backe die Leckerli bei 180 °C für etwa 15-20 Minuten, bis sie knusprig sind
4. gut auskühlen lassen

Roggen-Kürbis-Leckerli

Zutaten

- 150g Roggenvollkornmehl
- 50g Hafervollkornflocken
- 50g Kürbispüree
- 1 Ei
- 2 EL Honig

Zubereitung

1. alle Zutaten in einer Schüssel vermengen bis ein fester Teig entsteht
2. forme kleine Bällchen oder andere Formen und lege sie auf ein Backblech mit Backunterlage

3. backe die Leckerli bei 180 °C für etwa 15-20 Minuten, bis sie fest sind
4. gut auskühlen lassen

Roggen-Lachs-Leckerli

<u>Zutaten</u>

- 200g Roggenvollkornmehl
- 100g Lachs, gekocht und fein gehackt
- 1 Ei
- 2 EL Olivenöl

<u>Zubereitung</u>

1. alle Zutaten in einer Schüssel vermengen, bis ein fester Teig entsteht
2. forme kleine Bällchen oder andere Formen und bringe sie auf ein Backblech mit Backunterlage
3. backe die Leckerli bei 180 °C für etwa 15-20 Minuten, bis sie knusprig sind
4. gut auskühlen lassen

Roggen-Rote Beete-Leckerli

<u>Zutaten</u>

- 200g Roggenvollkornmehl
- 100g geriebene rote Beete
- 1 Ei
- 2 EL Honig

<u>Zubereitung</u>

1. alle Zutaten in einer Schüssel vermengen bis ein fester Teig entsteht
2. forme kleine Bällchen oder andere Formen und lege sie auf ein ausgelegtes Backblech mit Backunterlage
3. backe die Leckerli bei 180 °C für etwa 15-20 Minuten, bis sie fest sind
4. gut auskühlen lassen

Roggen-Käse-Leckerli

Zutaten

- 200g Roggenvollkornmehl
- 100g geriebener Käse
- 1 Ei
- 2 EL Olivenöl

Zubereitung

1. alle Zutaten in einer Schüssel vermengen bis ein fester Teig entsteht
2. forme kleine Bällchen oder andere Formen und gebe sie auf ein Backblech mit Backunterlage
3. backe die Leckerli bei 180 °C für etwa 15-20 Minuten, bis sie knusprig sind
4. gut auskühlen lassen

Roggen-Leberwurst-Leckerli

Zutaten

- 200g Roggenvollkornmehl
- 50g Leberwurst
- 1 Ei
- 2 EL Olivenöl

Zubereitung

1. alle Zutaten in einer Schüssel vermengen, bis ein fester Teig entsteht
2. forme kleine Bällchen oder andere Formen und bringe sie auf ein ausgelegtes Backblech mit Backunterlage
3. backe die Leckerli bei 180 °C für etwa 15-20 Minuten, bis sie knusprig sind
4. gut auskühlen lassen

Roggen-Thunfisch-Leckerli

Zutaten

- 200g Roggenvollkornmehl

- 50g Thunfisch aus der Dose
- 1 Ei
- 2 EL Olivenöl

<u>Zubereitung</u>

1. alle Zutaten in einer Schüssel vermengen bis ein fester Teig entsteht.
2. forme kleine Bällchen oder andere Formen und lege sie auf ein ausgelegtes Backblech mit Backunterlage
3. backe die Leckerli bei 180 °C für etwa 15-20 Minuten, bis sie knusprig sind
4. gut auskühlen lassen

Roggen-Käse-Kekse

<u>Zutaten</u>

- 250g Roggenvollkornmehl
- 100g Käse, z.B. Emmental oder Gouda (kleine Würfel oder gerieben)
- 1 Ei
- 3 EL Öl

<u>Zubereitung</u>

1. alle Zutaten in eine Schüssel geben und verkneten, bis ein Teig entsteht
2. Teig ausrollen und mit einer Keksform ausstechen
3. Kekse auf ein Backblech mit Backunterlage legen
4. im vorgeheizten Backofen bei 180 °C für 15-20 Minuten backen
5. gut auskühlen lassen

Roggen-Bananen-Kekse

<u>Zutaten</u>

- 200g Roggenvollkornmehl
- 1 reife Banane
- 1 Ei

- 3 EL Haferflocken

Zubereitung

1. Banane zerdrücken und mit den anderen Zutaten verkneten, bis ein Teig entsteht
2. Teig ausrollen und mit einer Keksform ausstechen
3. Kekse auf ein ausgelegtes Backblech mit Backunterlage auslegen
4. im vorgeheizten Backofen bei 180 °C für 15-20 Minuten backen
5. gut auskühlen lassen

Roggen-Lachs-Kekse

Zutaten

- 200g Roggenvollkornmehl
- 100g Lachs, gekocht und zerkleinert
- 1 Ei
- 3 EL Hühnerbrühe

Zubereitung

1. alle Zutaten in eine Schüssel geben und verkneten, bis ein Teig entsteht
2. Teig ausrollen und mit einer Keksform ausstechen
3. Kekse auf ein Backblech mit Backunterlage setzen
4. im vorgeheizten Backofen bei 180 °C für 15-20 Minuten backen
5. gut auskühlen lassen

Rezepte für Hundeleckerli mit Weizenvollkornmehl

Weizenmehl ist ein häufig verwendeter Bestandteil in vielen kommerziellen Hundefuttern und selbstgemachten Hunde-Leckerlis. Es ist eine reichhaltige Quelle für Kohlenhydrate und kann eine gute Energiequelle für Hunde sein. Jedoch kann Weizenmehl auch einige potenzielle Nachteile haben.

Weizenmehl enthält Gluten, eine Art von Protein, das bei einigen Hunden zu Verdauungsproblemen führen kann. Wenn dein Hund empfindlich auf Getreide reagiert, kann Weizenmehl zu Magen-Darm-Problemen, Hautreizungen oder anderen Symptomen führen. In solchen Fällen kannst du -nach Rücksprache mit einem Tiermediziner- stattdessen auf andere Getreidesorten wie Roggen- oder Dinkelmehl umsteigen.

Viele kommerzielle Hundefuttermittel enthalten Weizenmehl, das aus genetisch modifizierten Pflanzen stammen kann. Wenn Du dich um eine natürliche und unverfälschte Ernährung deines Hundes kümmerst, ist es wichtig, sich für hochwertige, nicht genetisch veränderte Produkte zu entscheiden.

Weizenmehl kann in Maßen eine nützliche Ergänzung zur Hunde-Ernährung sein, aber es ist wichtig, auf die individuellen Bedürfnisse und Empfindlichkeiten deines Hundes zu achten. Es ist immer ratsam, mit einem Tierarzt oder Ernährungsberater für Hunde zu sprechen, um sicherzustellen, dass dein Hund eine ausgewogene und gesunde Ernährung erhält.

Weizen-Käse-Leckerli

Zutaten

- 125g Weizenvollkornmehl
- 60g geriebener Käse
- 60ml Wasser
- 1 Ei
- optional Petersilie oder andere Kräuter nach Geschmack (etwa 1TL)

Zubereitung

1. mische alle Zutaten in einer Schüssel, bis ein fester Teig entsteht
2. forme kleine Bällchen oder andere Formen und lege sie auf ein Backblech mit Backunterlage
3. backe die Leckerli bei 180 °C für etwa 20-25 Minuten, bis sie goldbraun und knusprig sind
4. gut abkühlen lassen

Weizen-Hühnchen-Leckerli

Zutaten

- 200g Weizenvollkornmehl
- 150g Hühnchenbrust, gekocht und fein gehackt
- 1 Ei
- 60 ml Hühnerbrühe oder Wasser

Zubereitung

1. alle Zutaten in einer Schüssel vermengen bis ein fester Teig entsteht
2. forme kleine Bällchen oder andere Formen und setze sie auf ein Backblech mit Backunterlage
3. backe die Leckerli bei 180 °C für etwa 15-20 Minuten, bis sie fest sind
4. gut abkühlen lassen

Weizen-Erdnussbutter-Leckerli

Zutaten

- 200g Weizenvollkornmehl
- 125g Erdnussbutter
- 60 ml Wasser
- 1 Ei

Zubereitung

1. alle Zutaten in einer Schüssel vermengen bis ein fester Teig entsteht
2. forme kleine Bällchen oder andere Formen und lege sie auf ein Backblech mit Backunterlage
3. backe die Leckerli bei 180 °C für etwa 15-20 Minuten, bis sie goldbraun sind, dann gut abkühlen lassen

Weizen-Leber-Leckerli

Zutaten

- 150g Weizenvollkornmehl
- 100g Leber, gekocht und fein gehackt oder püriert
- 1 Ei
- 2 EL Olivenöl
- optional Petersilie oder andere Kräuter nach Geschmack (etwa 1TL)

Zubereitung

1. alle Zutaten in einer Schüssel vermengen bis ein fester Teig entsteht
2. forme kleine Bällchen oder andere Formen und gebe sie auf ein mit Backunterlage ausgelegtes Backblech
3. backe die Leckerli bei 180 °C für etwa 20-25 Minuten, bis sie knusprig sind
4. gut auskühlen lassen

Rezepte für Hundeleckerli mit Haferflocken

Haferflocken sind eine hervorragende Ergänzung in der Hunde-Ernährung. Sie sind eine gute Quelle für Ballaststoffe, Kohlenhydrate und einige wichtige Nährstoffe. Haferflocken enthalten eine geringe Menge an Protein, was dazu beitragen kann, den Bedarf deines Hundes an Aminosäuren zu decken.

Eine Möglichkeit, Haferflocken in die Ernährung Ihres Hundes zu integrieren, besteht darin, sie mit Wasser oder Brühe zu kochen und zusammen mit Fleisch und Gemüse zu servieren. Du kannst auch Haferflocken/Hafervollkornflocken gut in selbstgemachten Hunde-Leckerlis einsetzen.

Haferflocken sind besonders vorteilhaft für Hunde mit Verdauungsproblemen oder empfindlichem Magen. Die Ballaststoffe in Haferflocken können helfen, den Darm zu regulieren und Verstopfung zu reduzieren. Haferflocken können dazu beitragen, den Blutzuckerspiegel zu stabilisieren und Energie auf lange Sicht bereitzustellen, was für aktive Hunde von Vorteil sein kann.

Es ist jedoch wichtig zu beachten, dass Hunde, die an einer Glutenunverträglichkeit leiden, möglicherweise empfindlich auf Haferflocken reagieren. Wenn dein Hund an einer Gluten-Unverträglichkeit leidet, solltest du eine alternative Quelle für Ballaststoffe und Kohlenhydrate in Betracht ziehen.

Haferflocken können eine hervorragende Ergänzung zur Hunde-Ernährung sein, solange sie in Maßen und in Kombination mit anderen nahrhaften Zutaten verwendet werden. Sprich mit deinem Tierarzt oder einem Ernährungsberater für Hunde, um sicherzustellen, dass du deinem Hund eine ausgewogene und gesunde Ernährung bietest.

Hafer -Apfel-Leckerli

Zutaten

- 150g Hafervollkornflocken
- 150g Apfelmus, am besten selbst gemacht (zuckerfrei)
- 2 EL Honig
- 1 Ei

Zubereitung

1. alle Zutaten in einer Schüssel gut vermischen, bis ein fester Teig entsteht
2. mit den Händen kleine Bällchen formen und setze sie auf ein Backblech mit Backunterlage
3. im vorgeheizten Backofen bei 180 °C für ca. 15-20 Minuten backen
4. gut auskühlen lassen

Hafer- Kürbis-Leckerli

Zutaten

- 150g Hafervollkornflocken
- 150g Kürbispüree
- 2 EL Olivenöl
- 1 Ei

Zubereitung

1. alle Zutaten in einer Schüssel gut vermischen, bis ein fester Teig entsteht
2. mit den Händen kleine Bällchen formen und auf ein Backblech mit Backunterlage setzen
3. im vorgeheizten Backofen bei 180 °C für ca. 15-20 Minuten backen
4. gut auskühlen lassen

Hafer-Erdnussbutter-Leckerli

Zutaten

- 150g Hafervollkornflocken
- 100g Erdnussbutter
- 1 Ei
- 2 EL Honig

Zubereitung

1. alle Zutaten in einer Schüssel gut vermischen, bis ein fester Teig entsteht
2. mit den Händen kleine Bällchen formen und auf ein Backblech mit Backunterlage geben
3. im vorgeheizten Backofen bei 180 °C für ca. 15-20 Minuten backen
4. gut auskühlen lassen

Hafer-Karotten-Leckerli

Zutaten

- 150g Hafervollkornflocken
- 150g geriebene Karotten
- 1 Ei
- 2 EL Olivenöl

Zubereitung

1. alle Zutaten in einer Schüssel gut vermischen, bis ein fester Teig entsteht

2. mit den Händen kleine Bällchen formen und auf ein Backblech mit Backunterlage bringen
3. im vorgeheizten Backofen bei 180 °C für ca. 15-20 Minuten backen
4. gut auskühlen lassen

Hafer-Käse-Leckerli

<u>Zutaten</u>

- 150g Hafervollkornflocken
- 100g geriebener Käse
- 1 Ei
- 2 EL Olivenöl

<u>Zubereitung</u>

1. alle Zutaten in einer Schüssel gut vermischen, bis ein fester Teig entsteht
2. mit den Händen kleine Bällchen formen und auf ein Backblech mit Backunterlage auslegen
3. im vorgeheizten Backofen bei 180 °C für ca. 15-20 Minuten backen
4. gut auskühlen lassen

Hafer-Bananen-Leckerli

<u>Zutaten</u>

- 150g Hafervollkornflocken
- 1 reife Banane, zerdrückt
- 2 EL Honig
- 1 Ei

<u>Zubereitung</u>

1. alle Zutaten in einer Schüssel gut vermischen, bis ein fester Teig entsteht
2. mit den Händen kleine Bällchen formen und auf ein Backblech mit Backunterlage legen
3. im vorgeheizten Backofen bei 180 °C für ca. 15-20 Minuten backen

4. gut auskühlen lassen

Hafer-Thunfisch-Leckerli

Zutaten

- 150g Hafervollkornflocken
- 1 Dose Thunfisch im eigenen Saft, abgetropft und zerkleinert
- 1 Ei
- 2 EL Olivenöl

Zubereitung

1. alle Zutaten in einer Schüssel gut vermischen, bis ein fester Teig entsteht
2. mit den Händen kleine Bällchen formen und auf ein Backblech mit Backunterlage setzen
3. im vorgeheizten Backofen bei 180 °C für ca. 15-20 Minuten backen
4. gut auskühlen lassen

Hafer-Leberwurst-Leckerli

Zutaten

- 150g Hafervollkornflocken
- 100g Leberwurst (von Kalb oder Geflügel)
- 1 Ei
- 2 EL Olivenöl

Zubereitung

1. alle Zutaten in einer Schüssel gut vermischen, bis ein fester Teig entsteht
2. mit den Händen kleine Bällchen formen und auf ein Backblech mit Backunterlage bringen
3. im vorgeheizten Backofen bei 180 °C für ca. 15-20 Minuten backen
4. gut auskühlen lassen

Hafer-Erdbeeren-Leckerli

Zutaten

- 150g Hafervollkornflocken
- 100g pürierte Erdbeeren
- 2 EL Honig
- 1 Ei

Zubereitung

1. alle Zutaten in einer Schüssel gut vermischen, bis ein fester Teig entsteht
2. mit den Händen kleine Bällchen formen und auf ein Backblech mit Backunterlage geben
3. im vorgeheizten Backofen bei 180 °C für ca. 15-20 Minuten backen
4. gut auskühlen lassen

Hafer-Rindfleisch-Leckerli

Zutaten

- 150g Hafervollkornflocken
- 100g gekochtes und zerkleinertes Rindfleisch
- 1 Ei
- 2 EL Olivenöl

Zubereitung

1. alle Zutaten in einer Schüssel gut vermischen, bis ein fester Teig entsteht
2. mit den Händen kleine Bällchen formen und auf ein Backblech mit Backunterlage legen
3. im vorgeheizten Backofen bei 180 °C für ca. 15-20 Minuten backen
4. gut auskühlen lassen

Rezepte für Hundeleckerli mit Leinsamen

Leinsamen sind eine hervorragende Quelle für Omega-3-Fettsäuren und Ballaststoffe, die für die Gesundheit des Hundes von Vorteil sind. Die Zugabe von Leinsamen zur Hunde-Ernährung kann dazu beitragen, die Verdauung zu regulieren, Entzündungen zu reduzieren und die Haut- und Fellgesundheit zu verbessern.

Leinsamen sind in verschiedenen Formen erhältlich, wie zum Beispiel als ganze Samen, gemahlene Samen oder als Öl. Die Verwendung von gemahlenen Samen oder Öl kann für Hunde von Vorteil sein, da sie leichter zu verdauen sind und eine höhere Verfügbarkeit von Nährstoffen bieten.

Eine Möglichkeit, Leinsamen in die Ernährung Ihres Hundes zu integrieren, besteht darin, sie mit dem Futter zu mischen. Einige Hundefuttermarken enthalten bereits Leinsamen als Zutat. Es ist hierbei jedoch zu beachten, die Menge an Leinsamen, die du deinem Hund gibst, zu begrenzen, da eine übermäßige Menge zu Verdauungsproblemen führen kann.

Leinsamen sind besonders vorteilhaft für Hunde mit Hautproblemen, Allergien und Entzündungen. Die Omega-3-Fettsäuren in Leinsamen können dazu beitragen, Entzündungen zu reduzieren und die Haut- und Fellgesundheit zu verbessern. Leinsamen können dazu beitragen, den Blutzuckerspiegel zu stabilisieren und den Cholesterinspiegel zu senken.

Beachte bitte dabei, dass Leinsamen auch Lignane enthalten, die in hohen Dosen für Hunde giftig sein können. Wenn du Leinsamen in die Ernährung deines Hundes aufnehmen möchtest, solltest du dies in Maßen tun und die Menge mit deinem Tierarzt absprechen.

Leinsamen können eine hervorragende Ergänzung in der Hunde-Ernährung sein, solange sie in Maßen und in Kombination mit anderen nahrhaften Zutaten verwendet werden. Es ist immer ratsam, sich an einen Tierarzt oder Ernährungsberater für Hunde zu wenden, um sicherzustellen, dass dein Hund alle notwendigen Nährstoffe erhält und somit gesund bleibt.

Leinsamen-Hähnchen-Leckerli

Zutaten

- 200g Vollkornmehl
- 100g Leinsamen

- 100g Hähnchenfleisch, gekocht und zerkleinert
- 2 EL Olivenöl
- 1 Ei

Zubereitung

1. alle Zutaten in einer Schüssel gut vermischen, bis ein fester Teig entsteht
2. mit den Händen kleine Bällchen formen und auf ein Backblech mit Backunterlage bringen
3. im vorgeheizten Backofen bei 180 °C für ca. 20 Minuten backen
4. gut auskühlen lassen

Leinsamen-Käse-Leckerli

Zutaten

- 200g Vollkornmehl
- 100g Leinsamen
- 100g geriebener Käse
- 2 EL Olivenöl
- 1 Ei

Zubereitung

1. alle Zutaten in einer Schüssel gut vermischen, bis ein fester Teig entsteht
2. den Teig dünn ausrollen und mit einem Keks-Ausstecher kleine Kekse ausstechen
3. auf ein Backblech mit Backunterlage geben und im vorgeheizten Backofen bei 180 °C für ca. 15 Minuten backen
4. gut auskühlen lassen

Leinsamen-Karotten-Leckerli

Zutaten

- 200g Vollkornmehl
- 100g Leinsamen

- 100g geriebene Karotten
- 2 EL Honig
- 1 Ei

<u>Zubereitung</u>

1. alle Zutaten in einer Schüssel gut vermischen, bis ein fester Teig entsteht
2. mit den Händen kleine Bällchen formen und die Bällchen auf ein Backblech mit Backunterlage setzen
3. im vorgeheizten Backofen bei 180 °C für ca. 20 Minuten backen
4. gut auskühlen lassen

Leinsamen-Lachs-Leckerli

<u>Zutaten</u>

- 200g Vollkornmehl
- 100g Leinsamen
- 100g Lachsfilet, gekocht und zerkleinert
- 2 EL Olivenöl
- 1 Ei

<u>Zubereitung</u>

1. alle Zutaten in einer Schüssel gut vermischen, bis ein fester Teig entsteht
2. den Teig dünn ausrollen und mit einem Keks-Ausstecher kleine Kekse ausstechen
3. auf ein Backblech mit Backunterlage bringen
4. im vorgeheizten Backofen bei 180 °C für ca. 15 Minuten backen
5. gut auskühlen lassen

Leinsamen-Bananen-Leckerli

<u>Zutaten</u>

- 200g Vollkornmehl
- 100g Leinsamen

- 1 reife Banane, zerdrückt
- 2 EL Honig
- 1 Ei

Zubereitung

1. alle Zutaten in einer Schüssel gut vermischen, bis ein fester Teig entsteht.
2. mit den Händen kleine Bällchen formen und auf ein Backblech mit Backunterlage legen
3. im vorgeheizten Backofen bei 180 °C für ca. 20 Minuten backen
4. gut auskühlen lassen

Leinsamen-Petersilie-Leckerli

Zutaten

- 200g Vollkornmehl
- 100g Leinsamen
- 1 EL getrocknete Petersilie
- 2 EL Olivenöl
- 1 Ei

Zubereitung

1. alle Zutaten in einer Schüssel gut vermischen, bis ein fester Teig entsteht
2. den Teig dünn ausrollen und mit einem Keks-Ausstecher kleine Kekse ausstechen
3. auf ein Backblech mit Backunterlage bringen
4. im vorgeheizten Backofen bei 180 °C für ca. 15 Minuten backen
5. gut auskühlen lassen

Leinsamen-Apfel-Leckerli

Zutaten

- 200g Vollkornmehl
- 100g Leinsamen

- 1 Apfel, geschält und geraspelt
- 2 EL Honig
- 1 Ei

Zubereitung

1. alle Zutaten in einer Schüssel gut vermischen, bis ein fester Teig entsteht
2. mit den Händen kleine Bällchen formen und auf Backblech mit Backunterlage legen
3. im vorgeheizten Backofen bei 180 °C für ca. 20 Minuten backen
4. gut auskühlen lassen

Leinsamen-Kokos-Leckerli

Zutaten

- 200g Vollkornmehl
- 100g Leinsamen
- 50g Kokosflocken
- 2 EL Honig
- 1 Ei

Zubereitung

1. alle Zutaten in einer Schüssel gut vermischen, bis ein fester Teig entsteht
2. den Teig dünn ausrollen und mit einem Keks-Ausstecher kleine Kekse ausstechen
3. auf ein mit Backunterlage ausgelegtes Backblech bringen
4. im vorgeheizten Backofen bei 180 °C für ca. 15 Minuten backen
5. gut auskühlen lassen

Leinsamen-Rind-Leckerli

Zutaten

- 200g Vollkornmehl
- 100g Leinsamen

- 100g Rindfleisch, gekocht und zerkleinert
- 2 EL Olivenöl
- 1 Ei

<u>Zubereitung</u>

1. alle Zutaten in einer Schüssel gut vermischen, bis ein fester Teig entsteht
2. mit den Händen kleine Bällchen formen und auf ein mit Backunterlage ausgelegtes Backblech geben
3. im vorgeheizten Backofen bei 180 °C für ca. 20 Minuten backen
4. gut auskühlen lassen

Leinsamen-Zucchini-Leckerli

<u>Zutaten</u>

- 200g Vollkornmehl
- 100g Leinsamen
- 1 Zucchini, roh und geraspelt
- 2 EL Olivenöl
- 1 Ei

<u>Zubereitung</u>

1. alle Zutaten in einer Schüssel gut vermischen, bis ein fester Teig entsteht
2. den Teig dünn ausrollen und mit einem Keks-Ausstecher kleine Kekse ausstechen
3. auf ein Backblech mit Backunterlage legen
4. im vorgeheizten Backofen bei 180 °C für ca. 15 Minuten backen
5. gut auskühlen lassen

Rezepte für Hundeleckerli mit Fisch

Fisch kann eine hervorragende Zutat für selbstgemachte Hundeleckerli sein, da er reich an Nährstoffen und Omega-3-Fettsäuren ist, die für die Gesundheit von Hunden wichtig sind. Es ist jedoch wichtig zu beachten, dass nicht alle

Fischarten für Hunde geeignet sind. Einige Fischarten können schädliche Toxine oder Parasiten enthalten, während andere zu fettig sein können.

Einige Fischarten, die sich gut für die Herstellung von Hundeleckerli eignen, sind

- Lachs
- Kabeljau
- Heilbutt
- Makrele, (bitte frei von Gräten)
- Thunfisch und
- Hering.

Fisch kann für Hunde sehr gesund sein – wichtig ist nur, dass er gut durchgegart ist. Roher oder halbgarer Fisch kann nämlich schädliche Bakterien oder Parasiten enthalten, die dem empfindlichen Hundemagen zu schaffen machen. Gekocht oder gebacken ist Fisch dagegen eine sichere und leckere Abwechslung im Napf.

Beim Kochen oder Backen von Fisch für Hundeleckerli solltest Du beachten, dass er vollständig durchgegart und frei von Knochen und Gräten ist. Bitte auch keine Gewürze und Zutaten verwenden, die für Hunde schädlich sein könnten, wie zum Beispiel Zwiebeln oder Knoblauch. Wenn Du dir nicht sicher bist, welche Zutaten für deinen Hund sicher sind, wende dich am besten an einen Tierarzt oder eine Tierernährungsberater/in, um Rat zu erhalten. Bei Fisch aus der Konserve unbedingt vor der Verwendung für deinen Hund die Inhaltsangaben (Zutatenliste) lesen.

Lachs-Leckerli

Zutaten

- 250 g frischer Lachs
- 100 g Hafervollkornflocken
- 1 Ei
- 1 TL getrockneter Dill

Zubereitung

1. den Lachs fein hacken und mit den Haferflocken, dem Ei und dem Dill vermengen

2. aus der Masse kleine Kugeln formen und auf ein Backblech mit Backunterlage legen
3. im vorgeheizten Backofen bei 180 °C °C für 15-20 Minuten backen
4. gut auskühlen lassen

Thunfisch-Kekse

Zutaten

- 200 g Thunfisch (aus der Dose; im eigenen Saft)
- 50 g Vollkornmehl (Dinkel oder Roggen)
- 1 Ei
- 1 TL getrockneter Petersilie

Zubereitung

1. den Thunfisch abtropfen lassen und mit dem Vollkornmehl, dem Ei und der Petersilie vermengen
2. die Masse ausrollen und in Keksformen ausstechen
3. auf ein Backblech mit Backunterlage bringen
4. im vorgeheizten Backofen bei 180 °C °C für 10-15 Minuten backen
5. gut abkühlen lassen

Bücklings Snacks

Zutaten

- 250 g Bückling, aus der Dose (ohne Greten)
- 50 g Weizenvollkornmehl
- 1 Ei
- 1 TL getrockneter Oregano

Zubereitung

1. den Bückling abtropfen lassen und mit dem Weizenvollkornmehl, dem Ei und dem Oregano vermengen
2. aus der Masse kleine Kugeln formen und auf ein Backblech mit Backunterlage setzen
3. im vorgeheizten Backofen bei 180 °C °C für 15-20 Minuten backen

4.   gut abkühlen lassen

Kabeljau-Happen

<u>Zutaten</u>

- 250 g frischer Kabeljau
- 50 g Haferflocken
- 1 Ei
- 1 TL getrockneter Schnittlauch

<u>Zubereitung</u>

1.   den Kabeljau fein hacken und mit den Haferflocken, dem Ei und dem Schnittlauch vermengen
2.   aus der Masse kleine Bällchen formen und auf ein Backblech mit Backunterlage legen
3.   im vorgeheizten Backofen bei 180 °C °C für 15-20 Minuten backen
4.   gut abkühlen lassen

Makrelen-Leckerli

<u>Zutaten</u>

- 200 g Makrelenfilet in Öl (aus der Dose)
- 50 g Roggenvollkornmehl
- 1 Ei
- 1 TL getrockneter Rosmarin

<u>Zubereitung</u>

1.   die Makrelenfilets (ohne Greten) abtropfen lassen und mit dem Roggenvollkornmehl, dem Ei und dem Rosmarin vermengen
2.   die Masse ausrollen und in kleine Quadrate schneiden
3.   auf ein mit Backblech mit Backunterlage auslegen und im vorgeheizten Backofen bei 180 °C °C für 10-15 Minuten backen
4.   gut abkühlen lassen

Makrelen-Chips

Zutaten

- 200 g frische Makrelenfilet
- 1 EL Olivenöl

Zubereitung

1. die Makrelenfilets in dünne Streifen schneiden und mit Olivenöl beträufeln oder bestreichen
2. auf ein mit Backunterlage belegtes Backblech legen und bei 100 °C für ca. 2 Stunden trocknen, bis sie knusprig sind
3. gut abkühlen lassen

Hering-Happen

Zutaten

- 150 g frische Heringsfilet
- 100 g Kartoffelmehl
- 1 Ei
- 1 EL getrockneter Thymian

Zubereitung

1. das Heringsfilet fein hacken und mit Kartoffelmehl, Ei und Thymian vermengen
2. aus der Masse kleine Happen formen und auf ein Backblech mit Backunterlage setzen
3. im vorgeheizten Backofen bei 180 °C ca. 15 Minuten backen
4. gut abkühlen lassen

Thunfisch-Taler

Zutaten

- 200 g Thunfisch (aus der Dose, im eigenen Saft)
- 100 g Dinkelvollkornmehl

- 1 Ei
- 1 EL gehackte Minze
- 1/2 TL Kurkuma

1. den Thunfisch fein hacken und mit Vollkornmehl, Ei, Minze und Kurkuma vermengen
2. aus der Masse kleine Taler formen und auf ein belegtes Blech auslegen.
3. im vorgeheizten Backofen bei 180 °C ca. 20 Minuten backen
4. gut abkühlen lassen

Forellen-Snacks

Zutaten

- 150 g Forellenfilet, roh
- 100 g Reismehl
- 1 Ei
- 1 EL gehackter Dill
- 1 EL Zitronensaft.

Zubereitung

1. das Forellenfilet fein hacken
2. mit Reismehl, Ei, Dill und Zitronensaft vermengen
3. aus der Masse kleine Snacks formen und auf ein mit Backunterlage belegtes Blech auslegen
4. im vorgeheizten Backofen bei 180 °C ca. 15 Minuten backen gut abkühlen lassen

Rezepte für Hundeleckerli mit Huhn

Huhn ist eine beliebte Proteinquelle in der Hunde-Ernährung und wird häufig in vielen Hundefuttermarken verwendet. Huhn ist reich an essentiellen Aminosäuren, die für die Muskelentwicklung und den Erhalt der Körpermasse des Hundes von entscheidender Bedeutung sind.

Stelle bitte unbedingt sicher, dass das Huhn, das in der Hunde-Ernährung verwendet wird, von hoher Qualität und richtig zubereitet ist. Rohes oder unzureichend gekochtes Hühnerfleisch kann schädliche Bakterien wie Salmonellen enthalten, die für Hunde und Menschen gefährlich sein können. Es wird empfohlen, das Hühnerfleisch vollständig zu kochen und zu zerkleinern.

Eine weitere Möglichkeit, Huhn in die Hunde-Ernährung zu integrieren, besteht darin, es als Belohnung oder Snack zu verwenden. Gekochtes Hühnerfleisch kann in kleine Stücke geschnitten und als Trainingssnacks oder zur Verbesserung der Geschmacksrichtung des Futters verwendet werden.

Huhn kann auch eine gute Option für Hunde sein, die an Futtermittelallergien leiden, da es eine häufige Alternative zu den häufiger verwendeten Fleischsorten wie Rind oder Schwein darstellt. Huhn enthält auch Nährstoffe wie Vitamin B6, Niacin und Phosphor, die für die Gesundheit von Hunden Vorteile bringen können.

Du solltest die Menge an Hühnerfleisch in der Hunde-Ernährung begrenzen und auch andere Proteinquellen verwenden, um eine ausgewogene Ernährung zu gewährleisten. Eine übermäßige Menge an Huhn kann zu Verdauungsproblemen und Fettleibigkeit führen.

Hühnerfleisch stellt somit eine nahrhafte und schmackhafte Proteinquelle für Hunde dar, solange es von hoher Qualität ist und richtig zubereitet wird. Stelle sicher, dass Huhn in Kombination mit anderen nahrhaften Zutaten verwendet wird, um eine ausgewogene und gesunde Ernährung zu gewährleisten. Es ist immer ratsam, sich an einen Tierarzt oder Ernährungsberater/in für Hunde zu wenden, um sicherzustellen, dass dein Hund alle notwendigen Nährstoffe erhält und somit gesund bleibt.

Hühner-Karotten-Kekse

Zutaten

- 150 g Hühnerbrust gekocht
- 100 g Karotten, geraspelt
- 100 g Vollkornmehl
- 1 Ei

Zubereitung

1. die Hühnerbrust und die Karotten fein hacken und mit Vollkornmehl und Ei vermengen
2. aus der Masse kleine Kekse formen und auf ein Blech mit Backunterlage setzen
3. im vorgeheizten Backofen bei 180 °C ca. 20 Minuten backen
4. gut abkühlen lassen

Hähnchenleber-Bällchen

Zutaten

- 150 g frische Hähnchenleber
- 100 g Haferflocken
- 1 Ei
- 1 EL gehackte Petersilie

Zubereitung

1. die Hähnchenleber fein hacken
2. mit Haferflocken, Ei und Petersilie vermengen
3. aus der Masse kleine Bällchen formen und auf ein Blech mit Backunterlage auslegen
4. im vorgeheizten Backofen bei 180 °C ca. 15 Minuten backen
5. gut abkühlen lassen

Hühnchen-Leckerli

Zutaten

- 150g Hühnerbrust, gekocht und zerkleinert
- 120g Vollkornmehl (Weizen, Dinkel)
- 1 Ei
- 60 ml Hühnerbrühe

Zubereitung

1. Backofen auf 175 °C vorheizen
2. Hühnerbrust, Mehl, Ei und Hühnerbrühe in einer Schüssel vermengen

3. Teig auf einer bemehlten Fläche ausrollen
4. in kleine Stücke schneiden oder mit einer Keksform ausstechen
5. im vorgeheizten Backofen 15-20 Minuten backen, bis sie goldbraun sind
6. gut abkühlen lassen

Hühnchen-Apfel-Snacks

Zutaten

- 150 g frische Hühnerbrust
- 100 g Vollkornmehl
- 1 Apfel
- 1 Ei
- 1 EL Leinöl

Zubereitung

1. Hühnerbrust fein hacken
2. mit Vollkornmehl, geriebenem Apfel, Ei und Leinöl vermengen
3. aus der Masse kleine Snacks formen und auf ein belegtes Blech auslegen
4. im vorgeheizten Backofen bei 180 °C ca. 20 Minuten backen
5. gut abkühlen lassen

Hühnchen-Chips

Zutaten

- 150 g frische Hühnerbrust
- 1 EL Olivenöl

Zubereitung

1. Hühnerbrust in dünne Streifen schneiden und mit Olivenöl beträufeln oder bestreichen
2. auf ein Backblech mit Backunterlage auslegen und bei 100 °C für ca. 2 Stunden trocknen, bis sie knusprig sind
3. gut abkühlen lassen

Huhn-Haferflocken-Kugeln

- 150 g frische Hühnerbrust
- 100 g Haferflocken
- 1 Ei
- 1 EL gehackte Minze

Zubereitung

1. Hühnerbrust fein hacken
2. mit Haferflocken, Ei und Minze vermengen
3. aus der Masse kleine Kugeln formen und auf ein Blech mit Backunterlage legen
4. im vorgeheizten Backofen bei 180 °C ca. 20 Minuten backen
5. gut abkühlen lassen

Hühnchen-Petersilie-Happen

Zutaten

- 150 g frische Hühnerbrust
- 100 g Dinkelvollkornmehl
- 1 EL gehackte Petersilie,
- 1 Ei.

Zubereitung

1. die Hühnerbrust fein hacken
2. mit Vollkornmehl, Petersilie und Ei vermengen
3. aus der Masse kleine Happen formen und auf ein belegtes Blech geben
4. im vorgeheizten Backofen bei 180 °C ca. 20 Minuten backen
5. gut abkühlen lassen

Hühnerbrust-Käse-Kekse

Zutaten

- 150 g frische Hühnerbrust
- 100 g geriebener Käse
- 100 g Dinkelvollkornmehl
- 1 Ei

<u>Zubereitung</u>

1. die Hühnerbrust fein hacken
2. mit geriebenem Käse, Vollkornmehl und Ei vermengen
3. aus der Masse kleine Kekse formen und auf ein Blech mit Backunterlage legen
4. im vorgeheizten Backofen bei 180 °C ca. 20 Minuten backen
5. gut abkühlen lassen

Huhn-Apfel-Leckerli

<u>Zutaten</u>

- 150 g frische Hühnerbrust
- 100 g Dinkelvollkornmehl
- 1 Apfel
- 1 Ei

<u>Zubereitung</u>

1. Hühnerbrust fein hacken
2. mit Dinkelvollkornmehl, geriebenem Apfel und Ei vermengen
3. aus der Masse kleine Leckerli formen und auf ein Blech mit Backunterlage legen
4. im vorgeheizten Backofen bei 180 °C ca. 20 Minuten backen
5. gut abkühlen lassen

Hühnchen-Kürbis-Leckerbissen

<u>Zutaten</u>

- 140g gekochte und pürierte Hühnerbrust
- 225g gekochter und pürierter Kürbis
- 120g Vollkornmehl (Weizen, Dinkel)

- 1 Ei

1. alle Zutaten in eine Schüssel geben und gut miteinander vermengen
2. Teig auf ein Backblech mit Backunterlage geben und mit einer Gabel flach drücken
3. im vorgeheizten Backofen bei 180 °C Grad für 20-25 Minuten backen, bis die Ränder golden sind
4. nach dem Abkühlen in kleine Stücke schneiden und als Belohnung für den Hund anbieten

Hühnerbrust-Süßkartoffel-Bällchen

Zutaten

- 150 g frische Hühnerbrust
- 100 g Süßkartoffel
- 100 g Dinkelvollkornmehl
- 1 Ei

Zubereitung

1. Hühnerbrust fein hacken mit geriebener Süßkartoffel, Dinkelvollkornmehl und Ei vermengen
2. aus der Masse kleine Bällchen formen und auf ein belegtes Blech auslegen
3. im vorgeheizten Backofen bei 180 °C ca. 20 Minuten backen
4. gut abkühlen lassen

Rezepte für Hundeleckerli mit Lamm

Lammfleisch ist eine beliebte Proteinquelle in der Hunde-Ernährung, die aufgrund ihres reichen Geschmacks und ihrer vielen gesundheitlichen Vorteile geschätzt wird. Lammfleisch enthält viele wichtige Nährstoffe, einschließlich Proteine, Vitamine und Mineralien, die für die Gesundheit und das Wohlbefinden von Hunden von großer Bedeutung sind.

Eines der Hauptmerkmale von Lammfleisch ist, dass es leicht verdaulich ist und in der Regel gut von Hunden toleriert wird. Lammfleisch kann auch eine gute Wahl für Hunde sein, die an Nahrungsmittelunverträglichkeiten oder allergischen Reaktionen auf andere Arten von Fleisch leiden, wie Rind oder Schwein.

Lammfleisch, das in der Hunde-Ernährung verwendet wird, sollte von hoher Qualität sein. Es ist empfehlenswert, Fleisch von Weidetieren oder aus biologischer Landwirtschaft zu verwenden, um sicherzustellen, dass das Fleisch frei von Antibiotika, Hormonen und anderen schädlichen Chemikalien ist.

Lammfleisch kann auf verschiedene Arten in der Hunde-Ernährung verwendet werden. Lammfleisch kann selbstverständlich auch als Snack oder Belohnung eingesetzt werden.

Lammfleisch in der Hunde-Ernährung zu begrenzen kann sinnvoll und gegeben sein. Es ist eine hervorragende Ergänzung zu andere Proteinquellen, um eine ausgewogene Ernährung zu gewährleisten. Eine übermäßige Menge an Lammfleisch kann zu Verdauungsproblemen und Fettleibigkeit führen.

Lammfleisch ist daher eine nahrhafte und schmackhafte Proteinquelle für Hunde, solange es von hoher Qualität ist und richtig zubereitet wird. Es ist immer ratsam, sich an einen Tierarzt oder Ernährungsberater/in für Hunde zu wenden, um sicherzustellen, dass dein Hund alle notwendigen Nährstoffe erhält und somit gesund bleibt.

Lamm-Käse-Bällchen

Zutaten

- 150 g Lammfleisch, gehackt
- 50 g geriebener Käse
- 2 EL fein gehackte Petersilie
- 1 Ei
- 100 g Dinkelmehl
- 50 g Haferflocken
- 1 TL Leinöl
- 1 Prise Salz

Zubereitung

1. alle Zutaten gut vermengen
2. kleine Bällchen formen
3. auf ein Backblech mit Backunterlage setzen und bei 180 °C Grad ca. 20 Minuten backen
4. gut abkühlen lassen

Lamm-Käse-Leckerli

Zutaten

- 250 g Lammfleisch, gehackt
- 100 g geriebener Käse
- 1 Ei
- 50 g Haferflocken, zarte
- 50 g Vollkornmehl
- 2 EL gehackte Petersilie

Zubereitung

1. alle Zutaten vermengen
2. zu kleinen Kugeln formen
3. bei 180 °C Grad im vorgeheizten Backofen ca. 20 Minuten backen
4. gut abkühlen lassen

Lamm-Leber-Snacks

Zutaten

- 100 g Lammleber, gehackt
- 50 g Dinkelvollkornmehl
- 50 g Haferflocken
- 1 Ei
- 1 EL fein gehackte Petersilie
- 1 Prise Salz

Zubereitung

1. alle Zutaten gut vermengen
2. kleine Kugeln formen

71

3. auf ein Backblech mit Backunterlage legen
4. bei 180 °C Grad ca. 15-20 Minuten backen
5. gut abkühlen lassen

Lamm-Petersilien-Leckerli

Zutaten

- 150 g Lammfleisch, gehackt
- 1/2 Bund Petersilie, fein gehackt
- 100 g Dinkelvollkornmehl
- 50 g Haferflocken
- 1 Ei
- 1 TL Olivenöl
- 1 Prise Salz

Zubereitung

1. alle Zutaten gut vermengen
2. kleine Kugeln formen
3. auf ein Backblech mit Backunterlage setzen
4. bei 180 °C Grad ca. 20 Minuten backen
5. gut abkühlen lassen

Lamm-Möhren-Snacks

Zutaten

- 150 g Lammfleisch, gehackt
- 100 g Möhren, fein gerieben
- 50 g Dinkelvollkornmehl
- 1 Ei
- 1 EL Leinöl
- 1 Prise Salz

Zubereitung

1. alle Zutaten gut vermengen
2. kleine Kugeln formen

3. Backblech mit Backunterlage bringen
4. bei 180 °C Grad ca. 15-20 Minuten backen
5. gut abkühlen lassen.

Lamm-Zucchini-Leckerli

<u>Zutaten</u>

- 150 g Lammfleisch, gehackt
- 1 kleine Zucchini, fein gerieben
- 50 g Dinkelvollkornmehl
- 50 g Haferflocken
- 1 Ei
- 1 TL Olivenöl
- 1 Prise Salz

<u>Zubereitung</u>

1. alle Zutaten gut vermengen
2. kleine Bällchen formen
3. auf Backblech mit Backunterlage geben
4. bei 180 °C Grad ca. 20 Minuten backen
5. gut abkühlen lassen.

Lamm-Leber-Leckerli

<u>Zutaten</u>

- 250 g Lammleber
- 1 Ei
- 50 g Vollkornmehl
- 50 g Haferflocken
- 2 EL gehackte Minze

<u>Zubereitung</u>

1. Lammleber pürieren
2. mit den restlichen Zutaten vermengen
3. zu kleinen Kugeln formen

4. im vorgeheizten Backofen bei 180 °C Grad ca. 15-20 Minuten backen
5. gut abkühlen lassen.

Lamm-Apfel-Leckerli

Zutaten

- 250 g Lammfleisch, gehackt
- 1 Apfel, geraspelt
- 50 g Vollkornmehl
- 50 g Haferflocken, zarte
- 2 EL gehackte Petersilie

Zubereitung

1. alle Zutaten vermengen
2. zu kleinen Kugeln formen
3. bei 180 °C Grad im vorgeheizten Backofen ca. 20 Minuten backen
4. gut abkühlen lassen.

Lamm-Möhren-Leckerli

Zutaten

- 250 g Lammfleisch, gehackt
- 1 Möhre, geraspelt
- 50 g Vollkornmehl
- 50 g Haferflocken
- 2 EL gehackte Petersilie

Zubereitung

1. alle Zutaten vermengen
2. zu kleinen Kugeln formen
3. bei 180 °C Grad im vorgeheizten Backofen ca. 20 Minuten backen
4. gut abkühlen lassen

Lamm-Linsen-Leckerli

Zutaten

- 250 g Lammfleisch, gehackt
- 50 g Linsen, gekocht und püriert
- 50 g Dinkelvollkornmehl
- 50 g Haferflocken
- 2 EL gehackte Petersilie

Zubereitung

1. alle Zutaten gut vermengen
2. zu kleinen Kugeln formen
3. bei 180 °C Grad im vorgeheizten Backofen ca. 20 Minuten backen
4. gut abkühlen lassen.

Rezepte für Hundeleckerli mit Rindfleisch

In der Hunde-Ernährung ist Rindfleisch eine häufig verwendete Proteinquelle, da es reich an Nährstoffen und leicht verdaulich ist. Viele wichtige Nährstoffe, einschließlich hochwertigem Protein, Vitaminen und Mineralien, die im Rindfleisch enthalten sind, haben eine große Bedeutung für die Gesundheit und das Wohlbefinden von Hunden.

Rindfleisch kann auf verschiedene Arten in der Hunde-Ernährung verwendet werden, einschließlich als Hauptproteinquelle in kommerziellen Hundefuttermarken oder als Teil von selbstgemachtem Hundefutter. Rindfleisch kann auch als Snack oder Belohnung verwendet werden, wie zum Beispiel Rinderhautknochen oder Rindfleischstreifen.

Rindfleisch, das in der Hunde-Ernährung verwendet wird, sollte von hoher Qualität sein. Es ist ratsam, Fleisch von Weidetieren oder aus biologischer Landwirtschaft zu verwenden, da dieses Fleisch meistens frei von Antibiotika, Hormonen und anderen schädlichen Chemikalien ist.

Wann ist Rindfleisch für die Hunde-Ernährung nicht geeignet? Wenn dein Hund an Nahrungsmittelunverträglichkeiten oder allergischen Reaktionen auf Rindfleisch leidet, sollte es natürlich vermieden werden.

Ansonsten sollte die Menge an Rindfleisch in der Hunde-Ernährung begrenzt werden und auch auf andere Proteinquellen zurückgegriffen werden, um eine ausgewogene Ernährung zu gewährleisten. Eine übermäßige Menge an Rindfleisch kann zu Verdauungsproblemen und Fettleibigkeit führen.

Rindfleisch kann somit eine nahrhafte und schmackhafte Proteinquelle für deinen Hund sein, solange es von hoher Qualität ist und richtig zubereitet wird. Es ist immer angezeigt, sich an einen Tierarzt oder Ernährungsberater/in für Hunde zu wenden, um sicherzustellen, dass dein Hund alle notwendigen Nährstoffe erhält und somit gesund bleibt.

Rindfleisch-Leckerli

Zutaten

- 200g Rindfleisch, fein gehackt
- 100g Weizenvollkornmehl
- 1 Ei
- 1 EL Honig

Zubereitung

1. alle Zutaten in einer Schüssel mischen
2. den Teig auf einer bemehlten Oberfläche ausrollen und in kleine Stücke formen
3. im vorgeheizten Backofen bei 180 °C für ca. 15 Minuten backen
4. gut abkühlen lassen

Rindfleisch-Karotten-Leckerli

Zutaten

- 200g Rindfleisch, fein gehackt
- 1 Karotte, gerieben
- 100g Dinkelvollkornmehl
- 1 Ei

Zubereitung

1. alle Zutaten in einer Schüssel mischen
2. den Teig auf einer bemehlten Oberfläche ausrollen
3. in kleine Stücke schneiden oder ausstechen
4. im vorgeheizten Backofen bei 180 °C für ca. 15 Minuten backen
5. gut abkühlen lassen

Rindfleisch-Petersilie-Leckerli

Zutaten

- 200g Rindfleisch, fein gehackt
- 100g Weizenvollkornmehl
- 1 Ei
- 1/4 Tasse gehackte Petersilie

Zubereitung

1. alle Zutaten in einer Schüssel mischen
2. den Teig auf einer bemehlten Oberfläche ausrollen und in kleine Stücke teilen
3. im vorgeheizten Backofen bei 180 °C für ca. 15 Minuten backen
4. gut abkühlen lassen

Rindfleisch-Süßkartoffel-Leckerli

Zutaten

- 200g Rindfleisch, fein gehackt
- 100g Dinkelvollkornmehl
- 1 Ei
- 120g Süßkartoffelpüree

Zubereitung

1. alle Zutaten in einer Schüssel mischen
2. den Teig auf einer bemehlten Oberfläche ausrollen in gefällige Stucke bringen
3. im vorgeheizten Backofen bei 180 °C für ca. 20 Minuten backen
4. gut abkühlen lassen

Rindfleisch-Bananen-Leckerli

Zutaten

- 100 g Rindfleisch, fein gehackt
- 1 Banane
- 1 Ei
- 150 g Weizenvollkornmehl
- 50 g Haferflocken, zarte
- 1 TL getrockneter Oregano
- 1 TL getrockneter Thymian

Zubereitung

1. alle Zutaten in einer Schüssel mischen
2. den Teig auf einer bemehlten Oberfläche ausrollen und in kleine Stücke schneiden
3. im vorgeheizten Backofen bei 180 °C für ca. 15 Minuten backen
4. gut abkühlen lassen

Rindfleisch-Käse-Leckerli

Zutaten

- 100 g Rindfleisch, fein gehackt
- 50 g geriebener Käse
- 1 Ei
- 150 g Dinkelvollkornmehl
- 50 g Haferflocken
- 1 TL getrockneter Petersilie

Zubereitung

1. alle Zutaten in einer Schüssel gut vermischen
2. den Teig auf einer bemehlten Oberfläche ausrollen und ausstechen
3. im vorgeheizten Backofen bei 180 °C für ca. 15 Minuten backen
4. gut abkühlen lassen

Rindfleisch-Kürbis-Leckerli

Zutaten

- 100 g Rindfleisch, fein gehackt
- 225g pürierter Kürbis
- 1 Ei
- 150 g Weizenvollkornmehl
- 50 g Haferflocken, zarte
- 1 TL getrockneter Majoran

Zubereitung

1. alle Zutaten in einer Schüssel mischen
2. den Teig auf einer bemehlten Oberfläche ausrollen
3. in kleine Stücke bringen
4. im vorgeheizten Backofen bei 180 °C für ca. 15 Minuten backen
5. gut abkühlen lassen

Rezepte für Hundeleckerli mit Buttermilch

Buttermilch-Haferflocken-Leckerli

Zutaten

- 150 g Haferflocken
- 50 g Buttermilch
- 1 Ei
- 1 EL Honig
- 1 EL Öl
- 50 g Weizenvollkornmehl

Zubereitung

1. alle Zutaten miteinander vermischen
2. ausrollen und in gewünschte Formen schneiden
3. bei 180 °C für 25-30 Minuten backen
4. gut abkühlen lassen.

Buttermilch-Käse-Leckerli

Zutaten

- 200 g Vollkornmehl
- 100 g geriebener Käse
- 50 g Buttermilch
- 1 Ei
- 1 EL Öl
- 1 TL Backpulver

Zubereitung

1. alle Zutaten miteinander vermischen
2. ausrollen und in gewünschte Formen schneiden
3. bei 180 °C für 20-25 Minuten backen
4. gut abkühlen lassen.

Buttermilch-Karotten-Leckerli

Zutaten

- 200 g Dinkelvollkornmehl
- 100 g Haferflocken
- 1 Karotte, geraspelt
- 50 g Buttermilch
- 1 Ei
- 1 EL Öl

Zubereitung

1. alle Zutaten miteinander vermischen
2. ausrollen und in gewünschte Formen bringen
3. bei 180 °C für 20-25 Minuten backen
4. gut abkühlen lassen.

Buttermilch-Rote Beete-Leckerli

Zutaten

- 200 g Dinkelvollkornmehl
- 100 g Haferflocken
- 50 g Rote Beete, geraspelt
- 50 g Buttermilch
- 1 Ei
- 1 EL Öl

Zubereitung

1. alle Zutaten miteinander vermischen
2. ausrollen und in gewünschte Formen schneiden
3. bei 180 °C für 20-25 Minuten backen
4. gut abkühlen lassen.

Buttermilch-Bananen-Leckerli

Zutaten

- 200 g Weizenvollkornmehl
- 100 g Haferflocken
- 1 Banane, zerdrückt
- 50 g Buttermilch
- 1 Ei
- 1 EL Öl

Zubereitung

1. alle Zutaten miteinander vermischen
2. ausrollen und in gewünschte Formen schneiden
3. bei 180 °C für 20-25 Minuten backen
4. gut abkühlen lassen.

Erdnussbutter-Haferflocken-Kugeln

Zutaten

- 100 g Hafervollkornflocken
- 70 g Erdnussbutter
- 1 Ei
- 30 ml Wasser

Zubereitung

1. Backofen auf 180 °C vorheizen
2. Hafervollkornflocken, Erdnussbutter, Ei und Wasser in einer Schüssel vermengen, bis eine feste Masse entsteht
3. die Masse in kleine Kugeln formen und auf ein Backblech mit Backunterlage legen
4. bei 175° C 15-20 Minuten backen, bis die Kugeln goldbraun sind
5. gut abkühlen lassen

Erdnussbutter-Haferflocken-Leckerli

Zutaten

- 150g Hafervollkornflocken
- 60g Erdnussbutter
- 1 Ei
- 50ml Wasser
- 1 TL Honig
- 1 TL Backpulver
- 1/2 TL Zimt

Zubereitung

1. die Hafervollkornflocken in einer Schüssel mit Wasser einweichen und für 10 Minuten ruhen lassen
2. in einer anderen Schüssel Erdnussbutter, Ei, Honig und Zimt vermengen
3. dann die Hafervollkornflocken hinzufügen und alles gut verrühren

4. Backpulver hinzufügen und nochmals gut vermengen
5. flach ausrollen, in Portionen schneiden oder ausstechen
6. auf ein Backblech mit Backunterlage legen und für 20 Minuten bei 180 °C backen
7. gut abkühlen lassen

Erdnussbutter-Rindfleisch-Leckerli

<u>Zutaten</u>

- 200g Rinderhackfleisch
- 60g Erdnussbutter
- 1 Ei
- 50g zarte Haferflocken

<u>Zubereitung</u>

1. alle Zutaten miteinander vermischen
2. ausrollen und ausstechen
3. bei 180 °C für 20-25 Minuten backen
4. gut abkühlen lassen.

Erdnussbutter-Bananen-Leckerli

<u>Zutaten</u>

- 100g Erdnussbutter
- 1 reife Banane
- 60g zarte Haferflocken
- 60g Dinkelvollkornmehl

<u>Zubereitung</u>

1. die Banane in einer Schüssel zerdrücken und mit Erdnussbutter vermengen
2. Haferflocken und Dinkelvollkornmehl hinzufügen und zu einem Teig kneten
3. den Teig ausrollen und mit Förmchen ausstechen
4. auf ein Backblech mit Backunterlage legen

5. bei 180 °C für 15-20 Minuten backen
6. gut abkühlen lassen

Erdnussbutter-Apfel-Leckerli

<u>Zutaten</u>

- 60g Erdnussbutter
- 1 Apfel, gerieben
- 60g Dinkelvollkornmehl
- 1 Ei

<u>Zubereitung</u>

1. den geriebenen Apfel in eine Schüssel geben und mit Erdnussbutter vermengen
2. Dinkelvollkornmehl hinzufügen und gut vermischen
3. das Ei hinzufügen und alles zu einem Teig kneten
4. den Teig ausrollen und mit Förmchen ausstechen
5. auf ein Backblech mit Backunterlage bringen
6. bei 180 °C für 15-20 Minuten backen
7. gut abkühlen lassen

Erdnussbutter-Karotten-Leckerli

<u>Zutaten</u>

- 60g Erdnussbutter
- 1 Karotte, gerieben
- 60g Dinkelvollkornmehl
- 30ml Wasser

<u>Zubereitung</u>

1. die geriebene Karotte und Erdnussbutter in einer Schüssel vermengen
2. das Dinkelvollkornmehl hinzufügen und gut vermischen
3. Wasser hinzufügen und nochmals gut vermengen
4. den Teig ausrollen und mit Förmchen ausstechen
5. auf ein Backblech mit Backunterlage legen

6. bei 180 °C für 15-20 Minuten backen
7. gut abkühlen lassen

Rezepte für Hundeleckerli mit Hüttenkäse

Hüttenkäse-Leberwurst-Leckerli

Zutaten

- 200g Dinkelmehl
- 100g Hüttenkäse
- 50g Geflügelleberwurst

Zubereitung

1. Backofen auf 180 °C vorheizen und ein Backblech mit Backunterlage vorbereiten
2. in einer Schüssel Dinkelmehl, Hüttenkäse und Geflügelleberwurst zu einem Teig vermengen
3. den Teig ausrollen und mit einem Keksausstecher kleine Formen ausstechen
4. die ausgestochenen Leckerlis auf das Backblech mit Backunterlage auslegen
5. bei 180° C für ca. 20 Minuten backen
6. gut auskühlen lassen

Hüttenkäse-Karotten-Leckerli

Zutaten

- 200g Hafervollkornflocken
- 100g Hüttenkäse
- 100g Karotten, geraspelt
- 1 Ei

Zubereitung

1. Backofen auf 180 °C vorheizen und ein Backblech mit Backunterlage auslegen
2. in einer Schüssel Hafervollkornflocken, Hüttenkäse, Karotten und Ei vermengen, bis alles gut zusammenklebt.
3. den Teig zu kleinen Kugeln formen und auf das vorbereitete Backblech setzen
4. die Kugeln leicht flach drücken
5. für 20-25 Minuten backen, bis sie goldbraun sind.
6. gut abkühlen lassen

Hüttenkäse-Spinat-Leckerli

Zutaten

- 200g Dinkelvollkornmehl
- 100g Hüttenkäse
- 100g frischer Spinat, fein gehackt
- 1 Ei

Zubereitung

1. Backofen auf 180 °C vorheizen und ein Backblech mit Backunterlage auslegen
2. in einer Schüssel Dinkelmehl, Hüttenkäse, Spinat und Ei vermengen, bis alles gut zusammenklebt
3. den Teig ausrollen und mit einem Keksausstecher kleine Formen ausstechen
4. die ausgestochenen Leckerlis auf das Backblech setzen und für ca. 20 Minuten backen
5. gut abkühlen lassen

Hüttenkäse-Thunfisch-Leckerli

Zutaten

- 200g Hafermehl
- 100g Hüttenkäse
- 100g Thunfisch (aus der Dose; im eigenen Saft) abgetropft und zerkleinert

86

1. Backofen auf 180 °C vorheizen und ein Backblech mit Backunterlage vorbereiten
2. in einer Schüssel Hafermehl, Hüttenkäse und Thunfisch vermengen, bis alles gut zusammenklebt
3. den Teig ausrollen und mit einem Keksausstecher kleine Formen ausstechen
4. die ausgestochenen Leckerlis auf das Backblech mit Backunterlage auslegen und für ca. 20 Minuten backen
5. gut abkühlen lassen

Hüttenkäse-Bananen-Leckerli

Zutaten

- 200g Dinkelmehl
- 100g Hüttenkäse
- 1 reife Banane, zerdrückt

Zubereitung

1. Backofen auf 180 °C vorheizen und ein Backblech mit Backunterlage vorbereiten
2. in einer Schüssel Dinkelmehl, Hüttenkäse und Banane vermengen, bis alles gut zusammenklebt
3. den Teig ausrollen und mit einem Keksausstecher kleine Formen ausstechen
4. die ausgestochenen Leckerlis auf das Backblech legen und für ca. 20 Minuten backen
5. gut abkühlen lassen

Rezepte für Hundeleckerli mit Kartoffeln

Kartoffel-Leberwurst-Leckerli

Zutaten

- 200g Kartoffeln, gekocht und zerdrückt
- 100g Leberwurst
- 50g zarte Haferflocken
- 1 Ei
- 1 EL Olivenöl

<u>Zubereitung</u>

1. alle Zutaten in einer Schüssel vermengen
2. forme kleine Kugeln daraus
3. lege die Kugeln auf ein Backblech mit Backunterlage
4. backe sie bei 180 °C für etwa 15 Minuten bis sie knusprig sind
5. gut abkühlen lassen

Kartoffel-Käse-Kugeln

<u>Zutaten</u>

- 250g Kartoffeln, gekocht und zerdrückt
- 100g geriebener Käse
- 50g Dinkelvollkornmehl
- 1 Ei

<u>Zubereitung</u>

1. vermenge alle Zutaten in einer Schüssel
2. forme kleine Kugeln daraus
3. lege die Kugeln auf ein Backblech mit Backunterlage
4. backe sie knusprig bei 180 °C für etwa 20 Minuten
5. gut abkühlen lassen

Kartoffel-Käse-Ecken

<u>Zutaten</u>

- 300g Kartoffeln, gekocht und zerdrückt
- 150g geriebener Käse
- 150g Hafermehl
- 1 Ei

1. mische alle Zutaten zu einem Teig
2. forme kleine Ecken daraus
3. lege die Leckerli auf ein Bachblech mit Backunterlage
4. backe sie bei 180 °C für etwa 20 Minuten bis sie goldbraun sind
5. gut abkühlen lassen

Kartoffel-Hähnchen-Leckerli

Zutaten

- 200g Kartoffeln, gekocht und zerdrückt
- 100g Hähnchenfleisch, gekocht und zerhackt
- 50g Hafervollkornflocken
- 1 Ei
- 1 EL Petersilie, gehackt

Zubereitung

1. vermenge alle Zutaten in einer Schüssel
2. forme kleine Kugeln daraus
3. lege die Kugeln auf ein Backblech mit Backunterlage
4. backe sie bei 180 °C für etwa 15 Minuten
5. gut abkühlen lassen

Kartoffel-Süßkartoffel-Leckerli

Zutaten

- 200g Kartoffeln, gekocht und zerdrückt
- 100g Süßkartoffel, gekocht und zerdrückt
- 50g Weizenvollkornmehl
- 1 Ei
- 1 EL Olivenöl

Zubereitung

1. alle Zutaten in einer Schüssel vermengen

2. forme kleine Kugeln daraus
3. lege die Kugeln auf ein Backblech mit Backunterlage
4. backe sie bei 180 °C für etwa 20 Minuten
5. gut abkühlen lassen

Kartoffel-Kürbis-Leckerli

Zutaten

- 200g Kartoffeln, gekocht und zerdrückt
- 100g Kürbis, gekocht und zerdrückt
- 50g Dinkelvollkornmehl
- 1 Ei
- 1 EL frischer Koriander, gehackt

Zubereitung

1. vermenge alle Zutaten in einer Schüssel
2. forme kleine Kugeln daraus
3. setze die Kugeln auf ein Backblech mit Backunterlage
4. backe sie bei 180 °C für etwa 20 Minuten
5. gut abkühlen lassen

Kartoffel-Apfel-Leckerli

Zutaten

- 200g Kartoffeln, gekocht und zerdrückt
- 1 großer Apfel, gerieben
- 150g Dinkelvollkornmehl
- 1 Ei
- 1 TL Kokos

Zubereitung

1. mische alle Zutaten zu einem Teig
2. forme kleine Leckerli daraus
3. lege die Leckerli auf ein Backblech mit Backunterlage
4. backe sie im Backofen bei180 °C für etwa 15 Minuten

5.   gut abkühlen lassen

Kartoffel-Fleisch-Kekse

<u>Zutaten</u>

- 200g Mehl (z.B. Dinkelvollkornmehl)
- 200g gekochte und pürierte Kartoffeln
- 100g gekochtes Fleisch (z.B. Hähnchen, Rind, Lamm)
- 1 Ei

<u>Zubereitung</u>

1. Kartoffeln kochen, pürieren und mit Mehl, gekochtem Fleisch und Ei in eine Schüssel geben
2. alles gut kneten und ausrollen
3. ausstechen oder formen und auf ein Backblech mit Backunterlage auslegen
4. bei 180 °C für 20-25 Minuten backen
5. gut auskühlen lassen

Kartoffel-Karotten-Leckerli

<u>Zutaten</u>

- 200g Kartoffeln, gekocht und zerdrückt
- 150g Karotten, gerieben
- 150g Dinkelvollkornmehl
- 1 Ei
- 2 EL Olivenöl

<u>Zubereitung</u>

1. mische alle Zutaten zu einem Teig
2. forme kleine Leckerli daraus
3. auf ein Backblech mit Backunterlage auslegen
4. und backe sie im Backofen bei 180 °C für etwa 15 Minuten
5. gut auskühlen lassen

Kartoffel-Thunfisch-Leckerli

Zutaten

- 200g Kartoffeln, gekocht und zerdrückt
- 1 Dose Thunfisch (im eigenen Saft), abgetropft
- 150g Dinkelvollkornmehl
- 1 Ei
- 2 EL Olivenöl

Zubereitung

1. mische alle Zutaten zu einem Teig
2. forme kleine Leckerli daraus
3. auf ein Backblech mit Backunterlage bringen
4. und backe sie im Backofen bei 180 °C für etwa 15 Minuten
5. gut auskühlen lassen

Rezepte für Hundeleckerli mit Karotten

Karotten-Honig-Leckerli

Zutaten

- 2 mittelgroße Karotten, gerieben
- 1 Ei
- 85g Honig
- 30g Kokosmehl
- 20g zarte Haferflocken
- 45g Buchweizenmehl

Zubereitung:

1. Backofen auf 175 °C vorheizen und ein Backblech mit Backunterlage auslegen

2. Karotten in eine große Schüssel geben und das Ei hinzufügen, gut vermengen
3. füge den Honig hinzu und rühre weiter, bis er vollständig in die Mischung eingearbeitet ist
4. füge Kokosmehl, Haferflocken und Buchweizenmehl hinzu und vermisch alles gut
5. den Teig auf eine bemehlte Arbeitsfläche geben und auf etwa 1/2 cm stark ausrollen
6. verwende einen Keksausstecher, um die gewünschte Form der Leckerlis zu erhalten
7. lege die Leckerlis auf das Backblech und backe sie für 20-25 Minuten oder bis sie leicht gebräunt sind.
8. vollständig abkühlen lassen

Karotten-Honig-Kekse

Zutaten

- 150 g Karotten, gerieben
- 100 g Vollkornmehl
- 50 g Haferflocken
- 2 EL Honig
- 1 Ei

Zubereitung

1. Backofen auf 180 Grad vorheizen und ein Backblech mit Backpapier auslegen
2. Karotten in eine Schüssel geben
3. Vollkornmehl und die Haferflocken hinzufügen und alles gut vermischen
4. mit Honig und Ei hinzufügen zu einem Teig vermengen
5. Teig auf eine bemehlte Arbeitsfläche legen und ausrollen
6. ausstechen mit einem Keks-Ausstecher
7. die Leckerli auf das Backblech legen und für etwa 20-25 Minuten backen, bis sie goldbraun sind
8. gut auskühlen lassen

Karotten-Käse-Leckerli

Zutaten

- 150 g Karotten, gerieben
- 50 g geriebener Käse
- 100 g Vollkornmehl
- 50 ml Wasser

Zubereitung

1. den Backofen auf 180 Grad vorheizen und ein Backblech mit Backunterlage auslegen
2. die Karotten und den Käse in eine Schüssel geben
3. Vollkornmehl hinzufügen und alles gut vermischen
4. langsam das Wasser hinzugeben, bis ein formbarer Teig entsteht
5. Teig auf eine bemehlte Arbeitsfläche ausrollen
6. mit einem Keks-Ausstecher in die gewünschten Formen bringen
7. die Leckerlis auf das Backblech legen und für etwa 20 Minuten backen, bis sie goldbraun sind
8. im Backofen vollständig abkühlen lassen

Karotten-Apfel-Leckerli

Zutaten

- 100 g Karotten, gerieben
- 100 g Apfel, gerieben
- 100 g Vollkornmehl
- 50 g Haferflocken
- 1 Ei

Zubereitung

1. Backofen auf 180 Grad vorheizen und ein Backblech mit Backunterlage vorbereiten
2. Karotten und Apfel in eine Schüssel geben

3. Vollkornmehl und Haferflocken hinzufügen und alles gut vermischen
4. Ei hinzufügen und alles zu einem Teig vermengen
5. Teig auf eine bemehlte Arbeitsfläche legen und ausrollen
6. mit einem Keks-Ausstecher ausstechen
7. die Leckerli auf das Backblech legen und für etwa 20-25 Minuten backen, bis sie goldbraun sind
8. vollständig abkühlen lassen

Rezepte für Hundeleckerli mit Süßkartoffeln

Süßkartoffel-Käse-Bällchen

Zutaten

- 200 g Süßkartoffeln
- 50 g geriebener Käse
- 50 g Vollkornmehl (z. Bsp. Dinkelvollkornmehl)
- 1 Ei

Zubereitung

1. Süßkartoffeln schälen und in kleine Stücke schneiden
2. in einem Topf mit Wasser zum Kochen bringen und 10 Minuten köcheln lassen, bis sie weich sind
3. abgießen und mit einer Gabel zerdrücken, erkalten lassen
4. dann Käse, Mehl und das Ei hinzufügen und gut mischen
5. aus dem Teig kleine Bällchen formen und auf ein Backblech mit Backunterlage setzen
6. im vorgeheizten Backofen bei 180 °C ca. 15-20 Minuten backen, bis sie goldbraun sind
7. gut auskühlen lassen

Süßkartoffel-Käse-Leckerli

Zutaten

- 200g Süßkartoffeln

95

- 100g geriebener Käse
- 50g Dinkelvollkornmehl
- 1 Ei

Zubereitung

1. Süßkartoffeln schälen und kochen, bis sie weich sind
2. danach pürieren und erkalten lassen
3. mit Käse, Mehl und Ei vermengen
4. Teig ausrollen und in gewünschte Form ausstechen
5. im Backofen bei 180 °C etwa 20 Minuten backen
6. gut auskühlen lassen

Süßkartoffel-Apfel-Leckerli

Zutaten

- 200 g Süßkartoffeln
- 1 Apfel
- 50 g Kokosmehl
- 1 Ei

Zubereitung

1. Süßkartoffeln schälen und in kleine Stücke schneiden
2. in einem Topf mit Wasser zum Kochen bringen und 10 Minuten köcheln lassen, bis sie weich sind
3. abgießen und mit einer Gabel zerdrücken
4. Apfel schälen, entkernen und in kleine Stücke schneiden
5. zusammen mit dem kalten Süßkartoffelpüree, dem Kokosmehl und dem Ei vermischen
6. den Teig ausrollen und ausstechen
7. im vorgeheizten Backofen bei 180 °C ca. 20 Minuten backen, bis sie goldbraun sind
8. gut auskühlen lasen

Süßkartoffel-Hühnchen-Leckerli

Zutaten

- 200 g Süßkartoffeln
- 100 g Hühnchenbrust
- 50 g zarte Haferflocken
- 1 Ei

Zubereitung

1. Süßkartoffeln schälen und in kleine Stücke schneiden
2. in einem Topf mit Wasser zum Kochen bringen und 10 Minuten köcheln lassen, bis sie weich sind
3. abgießen und mit einer Gabel zerdrücken
4. die Hühnchenbrust in kleine Stücke schneiden und in einer Pfanne anbraten, bis sie gar sind
5. zusammen mit dem kalten Süßkartoffelpüree, den Haferflocken und dem Ei vermischen
6. aus dem Teig kleine Kugeln formen und auf ein Backblech mit Backunterlage setzen
7. im vorgeheizten Backofen bei 180 °C ca. 15-20 Minuten backen, bis sie goldbraun sind
8. gut auskühlen lassen

Süßkartoffel-Leber-Leckerli

Zutaten

- 200g Süßkartoffeln
- 100g Geflügelleberwurst
- 100g zarte Haferflocken
- 1 Ei
- 1 TL gehackte Petersilie

Zubereitung

1. Süßkartoffeln schälen und fein reiben
2. Leberwurst, Haferflocken, Ei und Petersilie hinzufügen und zu einem Teig vermengen
3. ausrollen und in gewünschte Form bringen
4. bei 160 °C etwa 25 Minuten backen
5. gut auskühlen lassen

Süßkartoffel-Lachs-Leckerli

Zutaten

- 200g Süßkartoffeln
- 100g Lachs, kleingehackt
- 50g Hafervollkornflocken
- 1 Ei

Zubereitung

1. Süßkartoffeln schälen und kochen, bis sie weich sind
2. pürieren und mit Lachs, Haferflocken und Ei vermengen
3. ausrollen und in gewünschte Form bringen
4. im Backofen bei 180 °C etwa 20 Minuten backen
5. gut auskühlen lassen

Süßkartoffel-Huhn-Leckerli

Zutaten

- 200g Süßkartoffeln
- 100g Hühnerfleisch, gekocht und zerkleinert
- 50g Kartoffelstärke
- 1 Ei

Zubereitung

1. Süßkartoffeln schälen und kochen, bis sie weich sind
2. pürieren und erkalten lassen
3. mit Hühnerfleisch, Kartoffelstärke und Ei vermengen
4. ausrollen und in gewünschte Form bringen
5. im Backofen bei 180 °C etwa 20 Minuten backen
6. gut auskühlen lassen

Süßkartoffel-Kürbis-Leckerli

Zutaten

- 200g Süßkartoffeln
- 100g Kürbis
- 50g Kokosmehl
- 1 Ei

<u>Zubereitung</u>

1. Süßkartoffeln und Kürbis schälen und kochen, bis sie weich sind
2. pürieren und erkalten lassen
3. mit Kokosmehl und Ei vermengen
4. ausrollen und in gewünschte Form schneiden
5. bei 180 °C etwa 20 Minuten backen
6. gut auskühlen lassen

Rezepte für Hundeleckerli mit Apfel

Apfel-Zimt-Kekse

<u>Zutaten</u>

- 100 g Dinkelvollkornmehl
- 100 g Hafervollkornflocken
- 1 geriebener Apfel
- 1/2 TL Zimt
- 1 Ei
- 1 EL Honig
- 2 EL Wasser

<u>Zubereitung</u>

1. Zutaten zu einem Teig verkneten
2. ausrollen und kleine Kekse formen
3. im vorgeheizten Backofen bei 180 °C   °C für 20-25 Minuten backen
4. gut auskühlen lassen

Apfel-Bananen-Kugeln

<u>Zutaten</u>

99

- 1 geriebener Apfel
- 1 pürierte Banane
- 100 g Kokosflocken
- 50 g zarte Haferflocken
- 1 EL Honig

<u>Zubereitung</u>

1. alle Zutaten in eine Schüssel geben und gut vermischen
2. kleine Kugeln formen und im Kühlschrank kaltstellen

Apfel-Karotten-Happen

<u>Zutaten</u>

- 1 geriebener Apfel
- 1 geriebene Karotte
- 100 g Dinkelvollkornmehl
- 50 g zarte Haferflocken
- 1 Ei
- 2 EL Honig

<u>Zubereitung</u>

1. Zutaten zu einem Teig verkneten
2. kleine Happen formen
3. im vorgeheizten Backofen bei 180 °C   °C für 20-25 Minuten goldbraun backen
4. gut auskühlen lassen

Apfel-Käse-Kekse

<u>Zutaten</u>

- 1 geriebener Apfel
- 100 g geriebener Käse
- 100 g Weizenvollkornmehl
- 1 Ei
- 1 EL Honig

1. alle Zutaten in eine Schüssel geben und gut vermischen
2. kleine Kekse formen
3. im vorgeheizten Backofen bei 180 °C   °C für 20-25 Minuten backen
4. gut auskühlen lassen

Apfel-Leber-Snacks

Zutaten

- 1 geriebener Apfel
- 100 g Kalbsleberwurst
- 100 g Vollkornmehl
- 1 Ei

Zubereitung

1. die Zutaten zu einem Teig verkneten
2. kleine Snacks formen
3. im vorgeheizten Backofen bei 180 °C   °C für 20-25 Minuten backen
4. gut auskühlen lassen

Apfel-Haferflocken-Leckerli

Zutaten

- 120g zarte Haferflocken
- 120g Vollkornmehl
- 1 Apfel, gerieben
- 1 Ei
- 60 ml Wasser

Zubereitung

1. Backofen auf 180 °C vorheizen und Backblech mit Backunterlage auslegen
2. alle Zutaten in einer Schüssel vermengen und zu einem Teig verkneten

3. ausrollen, in gewünschte Formen bringen und für 20 Minuten backen
4. gut auskühlen lassen

Apfel-Käse-Leckerli

<u>Zutaten</u>

- 120g Weizenvollkornmehl
- 60g geriebener Käse
- 1 geriebener Apfel
- 1 Ei
- 60 ml Wasser

<u>Zubereitung</u>

1. Backofen auf 180 °C vorheizen und Backblech mit Backunterlage auslegen
2. alle Zutaten in einer Schüssel vermengen und zu einem Teig verkneten
3. Teig ausrollen, in gewünschte Formen bringen und für 15-20 Minuten backen
4. gut auskühlen lassen

Apfel-Karotten-Leckerli

<u>Zutaten</u>

- 120g Dinkelvollkornmehl
- 1 geriebener Apfel
- 1 geriebene Karotte
- 1 Ei
- 60 ml Wasser

<u>Zubereitung</u>

1. Backofen auf 180 °C vorheizen und Backblech mit Backunterlage auslegen
2. alle Zutaten in einer Schüssel vermengen und zu einem Teig gut verkneten

3. Teig ausrollen, in gewünschte Formen bringen und für 20-25 Minuten backen
4. gut auskühlen lassen

Apfel-Zimt-Leckerli

Zutaten

- 120g Dinkelvollkornmehl
- 1 geriebener Apfel
- 1 Messerspitze Ceylon-Zimt
- 1 Ei
- 60 ml Wasser

Zubereitung

1. Backofen auf 180 °C vorheizen und Backblech mit Backunterlage auslegen
2. alle Zutaten in einer Schüssel vermengen und zu einem Teig gut verkneten
3. Teig ausrollen, in gewünschte Formen schneiden und für 15-20 Minuten backen
4. gut auskühlen lassen

Apfel-Kokos-Leckerli

Zutaten

- 120g Dinkelmehl
- 1 geriebener Apfel
- 2 EL Kokosraspeln
- 1 Ei
- 60 ml Wasser

Zubereitung

1. Backofen auf 180 °C vorheizen und Backblech mit Backunterlage auslegen

2. alle Zutaten in einer Schüssel vermengen und zu einem Teig verkneten
3. Teig ausrollen, in gewünschte Formen bringen und für 20 Minuten backen
4. gut auskühlen lassen

Rezepte für Hundeleckerli mit Bananen

Bananen-Kokos-Kugeln

Zutaten

- 2 reife Bananen (ca. 200g)
- 50g Kokosraspeln
- 50g Kokosmehl
- 2 Eier

Zubereitung

1. Backofen auf 180 °C vorheizen und ein Backblech mit Backunterlage auslegen
2. die Bananen mit einer Gabel zerdrücken, bis sie zu einem Brei werden
3. die Kokosraspeln, Kokosmehl und Eier hinzufügen und gut vermengen
4. aus der Masse kleine Kugeln formen und auf das Backblech setzen
5. im Backofen für 15-20 Minuten backen, bis sie goldbraun sind
6. gut auskühlen lassen

Bananen-Kokos-Leckerli

Zutaten

- 2 reife Bananen (ca. 200g)
- 60g Kokosmehl
- 60g zarte Haferflocken
- 1 Ei
- 2 EL Kokosöl

1. Backofen auf 175 °C vorheizen und ein Backblech mit Backunterlage mit Backunterlage auslegen
2. die Bananen in einer Schüssel mit einer Gabel zerdrücken
3. Kokosmehl, Haferflocken, Ei und Kokosöl hinzufügen und alles gut vermischen
4. kleine Leckerli formen und auf das Backblech geben
5. die Leckerli im Backofen für ca. 15-20 Minuten backen, bis sie leicht gebräunt sind
6. gut auskühlen lassen

Bananen-Leinsamen-Leckerli

Zutaten

- 2 reife Bananen (ca. 200g)
- 50g Leinsamen
- 50g Mandelmehl
- 1 TL Backpulver

Zubereitung

1. Backofen auf 180 °C vorheizen und ein Backblech mit Backunterlage auslegen
2. die Bananen mit einer Gabel zerdrücken, bis sie zu einem Brei werden
3. die Leinsamen, Mandelmehl und Backpulver hinzufügen und gut vermengen
4. aus der Masse kleine Kugeln formen und auf das Backblech mit Backunterlage auslegen
5. im Backofen für 15-20 Minuten backen, bis sie goldbraun sind
6. gut auskühlen lassen

Bananen-Haferflocken-Leckerbissen

Zutaten

- 1 reife Banane

- 25g Hafervollkornflocken
- 2 EL Honig
- 1 Ei

Zubereitung

1. Banane schälen und in eine Schüssel zerdrücken
2. Haferflocken, Honig und Ei hinzufügen und alles gut miteinander vermengen
3. Teig auf ein Backblech mit Backunterlage geben und im vorgeheizten Backofen bei 180 °C Grad für 20-25 Minuten backen
4. nach dem Abkühlen in kleine Stücke schneiden

Bananen-Hühnchen-Leckerli

Zutaten

- 2 reife Bananen (ca. 200g)
- 100g gekochtes Hühnchen, zerkleinert
- 50g Dinkelvollkornmehl
- 1 Ei

Zubereitung

1. Backofen auf 180 °C vorheizen und ein Backblech mit Backunterlage auslegen
2. die Bananen mit einer Gabel zerdrücken, bis sie zu einem Brei werden
3. das gekochte Hühnchen, das Mehl und Ei hinzufügen und gut vermengen
4. aus der Masse kleine Kugeln formen und auf das Backblech geben
5. im Backofen für 15-20 Minuten backen, bis sie goldbraun sind
6. gut auskühlen lassen

Bananen-Erdnussbutter-Cookies

Zutaten

- 2 reife Bananen (ca. 200g)

- 100g Hafervollkornflocken
- 70g Erdnussbutter

<u>Zubereitung</u>

1. Backofen auf 180 °C vorheizen und ein Backblech mit Backunterlage auslegen
2. die Bananen in einer Schüssel mit einer Gabel zerdrücken
3. Haferflocken und Erdnussbutter hinzufügen und gut vermischen
4. kleine Kugeln formen und auf das Backblech mit Backunterlage setzen
5. die Leckerli im Backofen für ca. 15 Minuten backen, bis sie leicht gebräunt sind
6. gut auskühlen lassen

Bananen-Haferflocken-Kekse

<u>Zutaten</u>

- 2 reife Bananen (ca. 200g)
- 100g Hafervollkornflocken
- 2 EL Honig
- 2 EL Kokosöl

<u>Zubereitung</u>

1. Backofen auf 180 °C vorheizen und ein Backblech mit Backunterlage auslegen
2. die Bananen in einer Schüssel mit einer Gabel zerdrücken
3. Haferflocken, Honig und Kokosöl hinzufügen und alles gut vermischen
4. kleine Kugeln formen und auf das Backblech legen
5. die Leckerli im Backofen für ca. 15-20 Minuten backen, bis sie leicht gebräunt sind
6. gut auskühlen lassen

Bananen-Haferflocken-Leckerli

Zutaten

- 2 reife Bananen (ca. 200 g)
- 100 g Hafervollkornflocken
- 50 g Erdnussbutter
- 1 Ei

Zubereitung

1. Bananen mit einer Gabel zerdrücken
2. alle Zutaten in einer Schüssel vermischen und zu einem Teig kneten
3. den Teig ausrollen und mit einem Keks-Ausstecher ausstechen
4. auf ein mit Backunterlage ausgelegtes Backblech geben
5. im vorgeheizten Backofen bei 180 °C °C ca. 15-20 Minuten backen
6. gut auskühlen lassen

Bananen-Zimt-Leckerli

Zutaten

- 2 reife Bananen (ca. 200 g)
- 100 g Dinkelmehl
- 50 g Haferflocken
- 1 EL Honig
- 1 TL Zimt

Zubereitung

1. Bananen mit einer Gabel zerdrücken
2. alle Zutaten in einer Schüssel vermischen und zu einem Teig kneten
3. den Teig auf einer bemehlten Arbeitsfläche ausrollen und mit einem Keks-Ausstecher ausstechen
4. auf ein Backblech mit Backunterlage setzen
5. im vorgeheizten Backofen bei 180 °C °C ca. 20 Minuten backen
6. gut auskühlen lassen

Bananen-Käse-Leckerli

Zutaten

- 2 reife Bananen (ca. 200 g)
- 50 g geriebener Käse
- 100 g Weizenvollkornmehl
- 1 Ei

Zubereitung

1. Bananen mit einer Gabel zerdrücken
2. alle Zutaten in einer Schüssel vermischen und zu einem Teig kneten
3. den Teig auf einer bemehlten Arbeitsfläche ausrollen und mit einem Keks-Ausstecher die Leckerli ausstechen
4. auf ein mit Backunterlage ausgelegtes Backblech geben
5. im vorgeheizten Backofen bei 180 °C ca. 15-20 Minuten backen
6. gut auskühlen lassen

Bananen-Möhren-Leckerli

Zutaten

- 2 reife Bananen (ca. 200 g)
- 100 g geraspelte Möhren
- 100 g Dinkelmehl
- 1 Ei

Zubereitung

1. die Bananen mit einer Gabel zerdrücken
2. alle Zutaten in einer Schüssel vermischen und zu einem Teig kneten
3. den Teig auf einer bemehlten Arbeitsfläche ausrollen und mit einem Keks-Ausstecher ausstechen
4. auf ein Backblech mit Backunterlage bringen
5. im vorgeheizten Backofen bei 180 °C ca. 15-20 Minuten backen
6. gut auskühlen lassen

Blaubeer-Kokos-Leckerli

Zutaten

- 100g zarte Haferflocken
- 50g Kokosraspeln
- 50g frische Blaubeeren
- 1 Ei
- 2 EL Kokosöl

Zubereitung

1. Backofen auf 160 °C vorheizen
2. Haferflocken und Kokosraspeln vermischen
3. Blaubeeren pürieren und mit dem Ei und Kokosöl vermischen
4. die feuchten Zutaten zu den trockenen geben und gut vermengen
5. kleine Kugeln formen und auf ein Backblech mit Backunterlage geben
6. im vorgeheizten Backofen ca. 20 Minuten backen
7. gut auskühlen lassen

Blaubeer-Kokos-Bites

Zutaten

- 120g Hafervollkornflocken
- 60g Kokosmehl
- 1 Ei
- 120g frische Blaubeeren, zerdrückt
- 2 EL Kokosöl, geschmolzen

Zubereitung

1. Backofen auf 175 °C vorheizen und ein Backblech mit Backunterlag auslegen
2. Haferflocken und Kokosmehl in eine Schüssel geben und vermischen
3. in einer anderen Schüssel das Ei verquirlen und dann die zerdrückten Blaubeeren und das geschmolzene Kokosöl hinzufügen

4. die nassen Zutaten zur trockenen Mischung geben und gut vermengen
5. die Mischung zu kleinen Bites formen und auf das Backblech geben
6. die Bites leicht flach drücken und für 15-20 Minuten backen, bis sie goldbraun sind
7. gut auskühlen lassen

Blaubeer-Hühnerleber-Leckerli

Zutaten

- 100g Hühnerleber, roh
- 50g Haferflocken
- 50g frische Blaubeeren
- 1 Ei

Zubereitung

1. Backofen auf 160 °C vorheizen
2. Hühnerleber pürieren
3. Blaubeeren pürieren und mit dem Ei vermischen
4. Haferflocken und pürierte Hühnerleber vermischen
5. alles gut vermengen
6. kleine Kugeln formen und auf ein Backblech mit Backunterlage geben
7. im vorgeheizten Backofen ca. 20 Minuten backen
8. gut auskühlen lassen

Blaubeer-Quark-Leckerli

Zutaten

- 100g Dinkelmehl
- 50g Magerquark
- 50g frische Blaubeeren
- 1 Ei

Zubereitung

111

1. Backofen auf 160 °C vorheizen
2. Dinkelmehl und Magerquark vermischen
3. Blaubeeren pürieren und mit dem Ei vermischen
4. alles und gut miteinander vermengen
5. kleine Kugeln formen und auf ein Backblech mit Backunterlage legen
6. im vorgeheizten Backofen ca. 20 Minuten backen
7. gut auskühlen lassen

Blaubeer-Erdnussbutter-Leckerli

Zutaten

- 120g Dinkelvollkornmehl
- 60g Erdnussbutter
- 120g Blaubeeren, zerdrückt
- 1 Ei

Zubereitung

1. Backofen auf 175 °C vorheizen und ein Backblech mit Backunterlage auslegen
2. in einer Schüssel das Mehl und die Erdnussbutter vermengen
3. in einer anderen Schüssel das Ei verquirlen und dann die zerdrückten Blaubeeren hinzufügen
4. beide Mischungen miteinander gut vermengen
5. den Teig zu einer Kugel formen und auf einer bemehlten Arbeitsfläche ausrollen
6. kleine Kekse ausstechen und das vorbereitete Backblech auslegen
7. für 15-20 Minuten backen, bis sie goldbraun sind
8. gut auskühlen lassen

Blaubeer-Süßkartoffel-Leckerli

Zutaten

- 120g Dinkelmehl
- 120g Süßkartoffel, gekocht und zerdrückt
- 120g Blaubeeren, zerdrückt

112

Zubereitung

1. Backofen auf 175 °C vorheizen und ein Backblech mit Backunterlage auslegen
2. in einer Schüssel das Mehl, die zerdrückte Süßkartoffel und die zerdrückten Blaubeeren vermengen
3. den Teig zu einer Kugel formen und auf einer bemehlten Arbeitsfläche ausrollen
4. kleine Kekse ausstechen und auf das vorbereitete Backblech auslegen
5. für 15-20 Minuten backen, bis sie goldbraun sind
6. gut auskühlen lassen

Rezepte für Hundeleckerli mit Erdbeeren

Erdbeer-Hüttenkäse-Leckerli

Zutaten

- 150 g Erdbeeren, gehackt
- 100 g Hüttenkäse
- 1 Ei
- 150 g Dinkelmehl
- 50 g zarte Haferflocken
- 2 EL Leinsamen

Zubereitung

1. Backofen auf 180 °C vorheizen
2. in einer Schüssel die gehackten Erdbeeren, den Hüttenkäse und das Ei vermengen
3. in einer zweiten Schüssel das Vollkornmehl, die Haferflocken und den Leinsamen vermischen
4. die trockenen Zutaten zur Erdbeer-Hüttenkäse-Mischung geben und alles gut vermengen
5. den Teig auf einer bemehlten Fläche ausrollen und mit einem Keks-Ausstecher Leckerli ausstechen
6. die Hundeleckerli auf mit Backunterlage ausgelegtes Backblech geben und für 25-30 Minuten backen
7. gut auskühlen lassen und in einem luftdichten Behälter aufbewahren

Erdbeer-Bananen-Hundeleckerli

Zutaten

- 150 g Erdbeeren, püriert
- 1 reife Banane, püriert
- 1 Ei
- 150 g Weizenvollkornmehl
- 50 g Hafervollkornflocken
- 2 EL Leinsamen

Zubereitung

1. Backofen auf 180 °C vorheizen
2. in einer Schüssel die pürierten Erdbeeren und Bananen mit dem Ei vermengen
3. in einer zweiten Schüssel das Vollkornmehl, die Haferflocken und den Leinsamen vermischen
4. die trockenen Zutaten zur Erdbeer-Bananen-Mischung geben und gut vermengen
5. den Teig auf einer bemehlten Fläche ausrollen und zu Keksen ausstechen
6. die Leckerli auf ein Backblech mit Backunterlage legen und für 25-30 Minuten backen
7. gut auskühlen lassen und in einem luftdichten Behälter aufbewahren

Erdbeer-Karotten-Hundeleckerli

Zutaten

- 150 g Erdbeeren, püriert
- 1 Karotte, gerieben
- 1 Ei
- 150 g Dinkelvollkornmehl
- 50 g Haferflocken
- 2 EL Leinsamen

Zubereitung

1. Backofen auf 180 °C vorheizen

2. in einer Schüssel die pürierten Erdbeeren, die geriebene Karotte und das Ei vermengen
3. in einer zweiten Schüssel das Mehl, die Haferflocken und den Leinsamen vermischen
4. die trockenen Zutaten zur Erdbeer-Karotten-Mischung geben und gut vermengen
5. den Teig auf einer bemehlten Fläche ausrollen und mit einem Keks-Ausstecher die Leckerli ausstechen
6. die Hundeleckerli auf ein Backblech mit Backunterlage geben und für 25-30 Minuten backen
7. gut auskühlen lassen und in einem luftdichten Behälter aufbewahren

Rezepte für Hundeleckerli mit Honigmelone

Honigmelonen-Leckerli

Zutaten

- 200g Hafervollkornflocken
- 200g Honigmelone, fein gehackt (ohne Kerne)
- 1 Ei

Zubereitung

1. Backofen auf 175 °C vorheizen und ein Backblech mit Backunterlage auslegen
2. in einer Schüssel Haferflocken, Honigmelone und Ei vermengen, bis alles gut zusammenklebt
3. den Teig zu kleinen Kugeln formen und auf das vorbereitete Backblech bringen
4. die Kugeln leicht flach drücken und für 15-20 Minuten backen, bis sie goldbraun sind
5. gut abkühlen lassen

Honigmelonen-Quark-Leckerli

Zutaten

- 200g Hafermehl
- 100g Honigmelone, fein gehackt
- 100g Quark
- 1 Ei

Zubereitung

1. Backofen auf 175 °C vorheizen und ein Backblech mit Backunterlage auslegen
2. in einer Schüssel Hafermehl, Honigmelone, Quark und Ei vermengen, bis alles gut zusammenklebt
3. den Teig zu kleinen Kugeln formen und auf das vorbereitete Backblech setzen
4. die Kugeln leicht flach drücken und für 15-20 Minuten backen, bis sie goldbraun sind
5. gut auskühlen lassen

Honigmelonen-Joghurt-Leckerli

Zutaten

- 100g Dinkelvollkornmehl
- 100g Honigmelone, fein gehackt
- 100g griechischer Joghurt
- 1 Ei

Zubereitung

1. Backofen auf 175 °C vorheizen und ein Backblech mit Backunterlage auslegen
2. in einer Schüssel Vollkornmehl, Honigmelone, griechischen Joghurt und Ei vermengen, bis alles gut zusammenklebt
3. den Teig zu kleinen Kugeln formen und auf das vorbereitete Backblech setzen
4. die Kugeln leicht flach drücken und für 15-20 Minuten backen, bis sie goldbraun sind
5. gut auskühlen lassen

Basilikum-Käse-Leckerli

Zutaten

- 150g Roggenmehl
- 50g Haferflocken
- 1 Ei
- 100g geriebener Käse
- 2 EL Olivenöl
- 1 Handvoll frischer Basilikum, fein gehackt

Zubereitung

1. Backofen auf 180 °C vorheizen und ein Backblech mit Backunterlage auslegen
2. in einer Schüssel Roggenmehl, Haferflocken, Ei, geriebenen Käse, Olivenöl und fein gehackten Basilikum vermengen
3. den Teig auf einer bemehlten Fläche ausrollen und mit einem Keksausstecher kleine Formen ausstechen
4. die ausgestochenen Leckerlis auf das Backblech setzen und für ca. 20 Minuten backen
5. gut auskühlen lassen

Basilikum-Hühnchen-Leckerli

Zutaten

- 250g Hühnchenbrust, gekocht und gehackt
- 1 Ei
- 50g Haferflocken
- 1 Handvoll frisches Basilikum, fein gehackt

Zubereitung

1. Backofen auf 180 °C vorheizen und ein Backblech mit Backunterlage auslegen
2. in einer Schüssel Hühnerfleisch, Ei, Haferflocken und fein gehackten Basilikum vermengen

3. den Teig auf einer bemehlten Fläche ausrollen und mit einem Keksausstecher kleine Formen ausstechen
4. die ausgestochenen Leckerlis auf das Backblech bringen und für ca. 20 Minuten backen
5. gut auskühlen lassen

Basilikum-Lachs-Leckerli

Zutaten

- 150g Dinkelvollkornmehl
- 1 Ei
- 100g Lachs, gekocht und gehackt
- 2 EL Olivenöl
- 1 Handvoll frisches Basilikum, fein gehackt

Zubereitung

1. Backofen auf 180 °C vorheizen und ein Backblech mit Backunterlage auslegen
2. in einer Schüssel Mehl, Ei, Lachs, Olivenöl und fein gehackten Basilikum vermengen
3. den Teig auf einer bemehlten Fläche ausrollen und mit einem Keksausstecher kleine Formen ausstechen
4. die ausgestochenen Leckerlis auf dem Backblech platzieren und für ca. 20 Minuten backen
5. gut auskühlen lassen

Rezepte für Hundeleckerli mit gelben Erbsen

Gelbe-Erbsen-Puffer

Zutaten

- 250g gekochte gelbe Erbsen, püriert
- 1 Ei
- 50g Hafermehl
- 1 TL Kreuzkümmel

- 1 TL Paprika
- Eine Prise Salz
- 1 EL gehackte Petersilie
- 1 EL Olivenöl

<u>Zubereitung</u>

1. in einer Schüssel Erbspüree, Ei, Hafermehl, Kreuzkümmel, Paprika, Salz und gehackte Petersilie vermengen
2. eine Pfanne auf mittlerer Hitze erhitzen und Olivenöl hinzufügen
3. mit einem Esslöffel kleine Puffer formen und in die Pfanne geben
4. die Puffer von beiden Seiten goldbraun braten
5. gut auskühlen lassen

Gelbe-Erbsen-Snacks

<u>Zutaten</u>

- 250g gekochte gelbe Erbsen, püriert
- 50g Hafermehl
- 1 Ei
- 1 TL getrocknete Petersilie
- 1 EL Olivenöl

<u>Zubereitung</u>

1. Backofen auf 180 °C vorheizen und ein Backblech mit Backunterlage auslegen
2. in einer Schüssel Erbspüree, Hafermehl, Ei, getrocknete Petersilie und Olivenöl vermengen
3. den Teig in kleine Kugeln formen und auf das Backblech setzen
4. die Kugeln leicht flach drücken und für ca. 20 Minuten backen, bis sie goldbraun sind
5. gut auskühlen lassen

Gelbe-Erbsen-Leckerli mit Hüttenkäse

<u>Zutaten</u>

- 250g gekochte gelbe Erbsen, püriert
- 50g Dinkelvollkornmehl
- 50g Hüttenkäse
- 1 Ei

<u>Zubereitung</u>

1. Backofen auf 180 °C vorheizen und ein Backblech mit Backunterlage auslegen
2. in einer Schüssel Erbspüree, Mehl, Hüttenkäse und Ei vermengen
3. den Teig auf einer bemehlten Fläche ausrollen und mit einem Keksausstecher kleine Formen ausstechen
4. die ausgestochenen Leckerlis auf ein Backblech positionieren und für ca. 15 Minuten backen
5. gut auskühlen lassen

Rezepte für Hundeleckerli mit grünen Erbsen

Grüne-Erbsen-Snacks

<u>Zutaten</u>

- 250g gefrorene grüne Erbsen
- 1 Ei
- 50g Hafermehl
- 1 TL getrocknete Petersilie
- 1 TL getrockneter Thymian
- eine Prise Salz

<u>Zubereitung</u>

1. die gefrorenen grünen Erbsen in einem Topf mit wenig Wasser kochen, bis sie weich sind
2. dann abgießen und abkühlen lassen
3. Backofen auf 180 °C vorheizen und ein Backblech mit Backunterlage auslegen
4. in einer Schüssel die gekochten grünen Erbsen, Ei, Hafermehl, Petersilie, Thymian und Salz vermengen
5. mit einem Teelöffel kleine Kugeln formen und auf das Backblech geben

6. für ca. 20 Minuten backen, bis die Kugeln goldbraun sind
7. gut auskühlen lassen

Grüne-Erbsen-Lachs-Leckerli

<u>Zutaten</u>

- 250g gekochte grüne Erbsen, püriert
- 50g Hafermehl
- 50g Lachs, gekocht und zerkleinert
- 1 Ei

<u>Zubereitung</u>

1. Backofen auf 180 °C vorheizen und ein Backblech mit Backunterlage auslegen
2. in einer Schüssel pürierte Erbsen, Hafermehl, Lachs und Ei vermengen
3. den Teig auf einer bemehlten Fläche ausrollen und mit einem Keksausstecher kleine Formen ausstechen
4. die ausgestochenen Leckerlis auf das Backblech bringen und für ca. 15 Minuten backen
5. gut auskühlen lassen

Grüne-Erbsen-Süßkartoffel-Leckerli

<u>Zutaten</u>

- 250g gekochte grüne Erbsen, püriert
- 1 gekochte Süßkartoffel, püriert
- 50g Hafermehl
- 1 Ei
- 1/2 TL Zimt

<u>Zubereitung</u>

1. Backofen auf 180 °C vorheizen und ein Backblech mit Backunterlage vorbereiten

121

2. in einer Schüssel Erbsenmus, Süßkartoffelpüree, Hafermehl, Ei und Zimt vermengen
3. den Teig auf einer bemehlten Fläche ausrollen und mit einem Keksausstecher kleine Formen ausstechen
4. die ausgestochenen Leckerlis auf das Backblech mit legen und für ca. 15 Minuten backen
5. gut auskühlen lassen

Rezepte für Hundeleckerli mit Kürbis

Kürbis-Bananen-Leckerli

<u>Zutaten</u>

- 120g Kürbispüree
- 1 reife Banane, zermatscht
- 1 Ei
- 90g Hafermehl
- 30g Leinsamen
- 1/2 TL Zimt

<u>Zubereitung</u>

1. Backofen auf 180 °C vorheizen und ein Backblech mit Backunterlage auslegen
2. in einer Schüssel das Kürbispüree, die zermatschte Banane und das Ei vermengen
3. Hafermehl, Leinsamen und Zimt hinzufügen und alles zu einem Teig kneten
4. den Teig auf einer bemehlten Fläche ausrollen und mit einem Keksausstecher kleine Formen ausstechen
5. die ausgestochenen Leckerlis auf das Backblech setzen und für ca. 15 Minuten backen
6. gut auskühlen lassen

Kürbis-Karotten-Leckerli

<u>Zutaten</u>

- 150g Kürbispüree
- 50g Karotten, geraspelt
- 90g Hafermehl
- 30g Leinsamen
- 1 Ei
- 1 TL Zimt

<u>Zubereitung</u>

1. Backofen auf 180 °C vorheizen und ein Backblech mit Backunterlage auslegen
2. in einer Schüssel das Kürbispüree, die geraspelten Karotten und das Ei vermengen
3. das Hafermehl, Leinsamen und Zimt hinzufügen und alles zu einem Teig kneten
4. den Teig auf einer bemehlten Fläche ausrollen und mit einem Keksausstecher kleine Formen ausstechen
5. die ausgestochenen Leckerlis auf das Backblech bringen und für ca. 15 Minuten backen
6. gut auskühlen lassen

Kürbis-Kokosnuss-Leckerli

<u>Zutaten</u>

- 120g Kürbispüree
- 60g Kokosmehl
- 1 Ei
- 30g Kokosöl, geschmolzen
- 1 TL Zimt

<u>Zubereitung</u>

1. Backofen auf 180 °C vorheizen und ein Backblech mit Backunterlage auslegen
2. in einer Schüssel das Kürbispüree, Kokosmehl und Ei vermengen
3. geschmolzenes Kokosöl und Zimt hinzufügen und alles zu einem Teig kneten
4. den Teig auf einer bemehlten Fläche ausrollen und mit einem Keksausstecher kleine Formen ausstechen

5. die ausgestochenen Leckerlis auf das Backblech legen und für ca. 15 Minuten backen
6. gut auskühlen lassen

Rezepte für Hundeleckerli mit Majoran

Majoran-Käse-Leckerli

Zutaten

- 100g Dinkelmehl
- 50g geriebener Parmesan
- 1 EL getrockneter Majoran
- 30ml Wasser
- 2 EL Olivenöl
- 1 Ei

Zubereitung

1. Backofen auf 180 °C vorheizen und ein Backblech mit Backunterlage auslegen
2. in einer Schüssel das Mehl, Parmesan und Majoran vermischen
3. Wasser, Olivenöl und Ei hinzufügen und alles zu einem Teig kneten
4. den Teig auf einer bemehlten Fläche ausrollen und mit einem Keksausstecher kleine Formen ausstechen
5. die ausgestochenen Leckerlis auf das Backblech legen und für ca. 15 Minuten backen
6. gut auskühlen lassen

Majoran-Hähnchen-Leckerli

Zutaten

- 250g Hähnchenbrust, gekocht und zerkleinert
- 50g Haferflocken
- 1 EL getrockneter Majoran
- 1 Ei

1. Backofen auf 180 °C vorheizen und ein Backblech mit Backunterlage vorbereiten
2. in einer Schüssel das gekochte Hähnchenfleisch, Haferflocken, Majoran und Ei vermengen
3. alles zu einem Teig kneten und auf einer bemehlten Fläche ausrollen
4. mit einem Keksausstecher kleine Formen ausstechen und auf das Backblech bringen
5. für ca. 20 Minuten backen, bis die Leckerli goldbraun und durchgegart sind
6. gut auskühlen lassen

Majoran-Rindfleisch-Leckerli

Zutaten

- 250g Rindfleisch, gekocht und zerkleinert
- 50g Dinkelvollkornmehl
- 2 EL getrockneter Majoran
- 1 Ei

Zubereitung

1. Backofen auf 180 °C vorheizen und ein Backblech mit Backunterlage vorbereiten
2. in einer Schüssel das gekochte Rindfleisch, Mehl, Majoran und Ei vermengen
3. alles zu einem Teig kneten und auf einer bemehlten Fläche ausrollen
4. mit einem Keksausstecher kleine Formen ausstechen und auf das Backblech legen
5. für ca. 20 Minuten backen, bis die Leckerli goldbraun und durchgegart sind
6. gut auskühlen lassen

Rezepte für Hundeleckerli mit Minze

Minze-Apfel-Leckerli

- 50 g Hafervollkornflocken
- 50 g Dinkelvollkornmehl
- 1 Apfel, gerieben
- 1 Ei
- 2 EL gehackte Minze
- 1 TL Honig

Zubereitung

1. Backofen auf 180 °C vorheizen und ein Backblech mit Backunterlage vorbereiten
2. Haferflocken und Dinkelvollkornmehl in einer Schüssel vermischen
3. den geriebenen Apfel, das Ei, die gehackte Minze und den Honig hinzufügen und gut vermischen, bis ein fester Teig entsteht
4. den Teig auf einer leicht bemehlten Fläche etwa 1 cm dick ausrollen und mit einem Keksausstecher in gewünschte Formen bringen
5. die Kekse auf das Backblech legen und für 15-20 Minuten backen, bis sie goldbraun sind
6. gut auskühlen lassen

Minze-Karotten-Leckerli

Zutaten

- 100 g Dinkelvollkornmehl
- 100 g fein geriebene Karotten
- 2 EL gehackte Minze
- 1 Ei
- 2 EL Wasser

Zubereitung

1. den Backofen auf 180 °C vorheizen und ein Backblech mit Backunterlage vorbereiten
2. Dinkelvollkornmehl, geriebene Karotten und gehackte Minze in einer Schüssel vermischen
3. das Ei und das Wasser hinzufügen und alles gut zu einem Teig vermischen

4. den Teig auf einer leicht bemehlten Fläche etwa 1 cm dick ausrollen und mit einem Keksausstecher in gewünschte Formen ausstechen
5. die Kekse auf das Backblech legen und für 15-20 Minuten backen, bis sie goldbraun sind
6. gut auskühlen lassen

Minze-Spinat-Leckerli

Zutaten

- 100 g Hafervollkornflocken
- 50 g Dinkelvollkornmehl
- 50 g frischer und fein gehackter Spinat
- 2 EL gehackte Minze
- 1 Ei
- 2 EL Wasser

Zubereitung

1. den Backofen auf 180 °C vorheizen und ein Backblech mit Backunterlage vorbereiten
2. Haferflocken, Vollkornmehl, Spinat und gehackte Minze in einer Schüssel vermischen
3. das Ei und das Wasser hinzufügen und alles gut zu einem Teig vermischen
4. den Teig auf einer leicht bemehlten Fläche etwa 1 cm dick ausrollen und mit einem Keksausstecher in gewünschte Formen schneiden
5. die Kekse auf das Backblech legen und für 15-20 Minuten backen, bis sie goldbraun sind
6. gut auskühlen lassen

Rezepte für Hundeleckerli mit Pfefferminze

Pfefferminz-Joghurt-Leckerli

Zutaten

- 170 g Vollkornweizenmehl

127

- 60 g zarte Haferflocken
- 1 Ei
- 125 ml Naturjoghurt
- 1 EL Honig
- eine Prise Salz
- 1/4 TL Pfefferminzextrakt (Pulver)
- 2 EL fein gehackte frische Pfefferminzblätter

Zubereitung

1. Backofen auf 180 °C vorheizen und ein Backblech mit Backunterlage vorbereiten
2. in einer Schüssel das Mehl und die Haferflocken vermengen
3. in einer separaten Schüssel das Ei verquirlen, dann den Naturjoghurt, den Honig, das Salz und das Pfefferminzextrakt unterrühren
4. die fein gehackten Pfefferminzblätter zum Joghurtgemisch geben
5. das Joghurtgemisch zu der Mehlmischung geben und alles zu einem Teig verkneten
6. den Teig auf einer bemehlten Fläche ausrollen und mit einem Ausstecher die gewünschte Form ausstechen
7. die Leckerli auf das vorbereitete Backblech legen und für etwa 20-25 Minuten backen, bis sie goldbraun sind
8. gut auskühlen lassen

Pfefferminz-Karotten-Leckerli

Zutaten

- 230 g Vollkornweizenmehl
- 1 Ei

- 85 g geriebene Karotten
- 3 EL Honig
- 1/2 TL Salz
- 1/2 TL Pfefferminzextrakt (Pulver)
- 2 EL fein gehackte frische Pfefferminzblätter

Zubereitung

1. Backofen auf 180 °C vorheizen und ein Backblech mit Backunterlage vorbereiten

2. in einer Schüssel das Mehl, das Salz und das Pfefferminzextrakt vermengen
3. in einer separaten Schüssel das Ei verquirlen, dann die geriebenen Karotten, den Honig und die fein gehackten Pfefferminzblätter unterrühren
4. das Karotten-Ei-Gemisch zu der Mehlmischung geben und alles zu einem Teig verkneten
5. den Teig auf einer bemehlten Fläche ausrollen und mit einem Ausstecher die gewünschte Form ausstechen
6. die Leckerli auf das vorbereitete Backblech legen und für etwa 25-30 Minuten backen, bis sie fest sind
7. gut auskühlen lassen

Pfefferminz-Kokos-Leckerli

Zutaten

- 100g Kokosmehl
- 1 Ei
- 2 EL Kokosöl
- 1/4 Tasse Wasser
- 1 TL getrocknete Pfefferminzblätter

Zubereitung

1. Backofen auf 180 °C vorheizen und ein Backblech mit Backunterlage vorbereiten
2. alle Zutaten in einer Schüssel vermischen und gut kneten
3. den Teig ausrollen und mit einer Ausstechform die Leckerli ausstechen
4. die Leckerli auf das Backblech legen und 12-15 Minuten backen, bis sie leicht gebräunt sind
5. gut auskühlen lassen

Pfefferminz-Karotten-Leckerbissen

Zutaten

- 125g geriebene Karotten (ca. 115g)

- 60g Vollkornhafermehl
- 1 Tasse Pfefferminzblätter (frisch oder getrocknet)
- 2 EL natürliches Pektin (optional)

Zubereitung

1. alle Zutaten in eine Schüssel geben und gut miteinander vermengen
2. Teig auf ein ausgelegtes Backblech mit Backunterlage geben und mit einer Gabel flach drücken
3. im vorgeheizten Backofen bei 180 °C Grad für 15-20 Minuten backen, bis die Ränder golden sind
4. gut auskühlen lassen

Pfefferminz-Apfel-Leckerli

Zutaten

- 90g Hafermehl
- 100g geriebener Apfel
- 1 Ei
- 2 EL Honig
- 1 TL getrocknete Pfefferminzblätter

Zubereitung

1. Backofen auf 180 °C vorheizen und ein Backblech mit Backunterlage auslegen
2. alle Zutaten in einer Schüssel vermischen und gut kneten
3. den Teig ausrollen und mit einer Ausstechform die Leckerli ausstechen
4. die Leckerli auf das Backblech legen und 12-15 Minuten backen, bis sie leicht gebräunt sind
5. gut auskühlen lassen

Petersilien-Bananen-Leckerli

<u>Zutaten</u>

- 1 reife Banane
- 90g Hafermehl
- 50g gemahlene Mandeln
- 1/4 Tasse gehackte Petersilie

<u>Zubereitung</u>

1. Backofen auf 180 °C vorheizen und ein Backblech mit Backunterlage auslegen
2. die Banane in einer Schüssel zerdrücken
3. das Hafermehl, die gemahlenen Mandeln und die Petersilie hinzufügen und zu einem Teig vermengen
4. den Teig ausrollen und mit einer Ausstechform die Leckerli ausstechen
5. die Leckerli auf das Backblech legen und 15-20 Minuten backen, bis sie leicht gebräunt sind
6. gut auskühlen lassen

Petersilien-Karotten-Leckerli

<u>Zutaten</u>

- 20g zarte Haferflocken
- 100g geriebene Karotten
- 60g Kartoffelstärke
- 1/4 Tasse gehackte Petersilie

<u>Zubereitung</u>

1. Backofen auf 180 °C vorheizen und ein Backblech mit Backunterlage auslegen
2. Haferflocken, Karotten, Kartoffelstärke und Petersilie in einer Schüssel vermengen
3. den Teig kneten, bis er fest ist und ausrollen

131

4. die Leckerli ausstechen und auf das Backblech legen
5. 20-25 Minuten backen, bis sie leicht gebräunt sind
6. gut auskühlen lassen

Petersilien-Leber-Leckerli

Zutaten

- 120g Dinkelvollkornmehl
- 20g Haferflocken
- 115g Hühnerleber, roh
- 1/4 Tasse gehackte Petersilie
- 1 Ei

Zubereitung

1. Backofen auf 180 °C vorheizen und ein Backblech mit Backunterlage auslegen
2. Hühnerleber in einem Mixer zerkleinern
3. in einer Schüssel das Dinkelmehl, Haferflocken, Petersilie und Ei vermischen.
4. die zerkleinerte Hühnerleber unter die Mischung kneten
5. den Teig ausrollen und mit einer Ausstechform die Leckerli ausstechen
6. die Leckerli auf das Backblech legen und 20-25 Minuten backen, bis sie leicht gebräunt sind
7. gut auskühlen lassen

Petersilie-Geflügelleberwurst-Leckerli

Zutaten

- 200 g Geflügelleberwurst
- 100 g Haferflocken
- 50 g frische Petersilie, fein gehackt
- 1 Ei

Zubereitung

1. Backofen auf 180 °C vorheizen und ein Backblech mit Backunterlage auslegen
2. in einer großen Schüssel die Leberwurst, Haferflocken und gehackte Petersilie vermengen
3. in einer separaten Schüssel das Ei verquirlen und dann zum Leberwurst-Gemisch geben, alles gut vermengen
4. den Teig auf einer bemehlten Fläche ausrollen und in kleine Kekse formen
5. die Kekse auf das vorbereitete Backblech legen und im Backofen für 15-20 Minuten backen, bis sie goldbraun sind
6. die Kekse aus dem Backofen nehmen und auf einem Kuchengitter gut abkühlen lassen

Petersilie-Käse-Leckerli

Zutaten

- 200 g geriebener Käse (z.B. Cheddar)
- 100 g Haferflocken
- 50 g frische Petersilie, fein gehackt
- 1 Ei
- 50 ml Wasser

Zubereitung

1. Backofen auf 180 °C vorheizen und ein Backblech mit Backpapier auslegen
2. in einer großen Schüssel den geriebenen Käse, Haferflocken und gehackte Petersilie vermengen
3. in einer separaten Schüssel das Ei verquirlen und dann zum Käse-Gemisch geben, alles gut vermengen
4. nach und nach das Wasser hinzufügen und zu einem Teig kneten
5. den Teig auf einer bemehlten Fläche ausrollen und in kleine Kekse formen
6. die Kekse auf das vorbereitete Backblech legen und im Backofen für 15-20 Minuten backen, bis sie goldbraun sind
7. die Kekse aus dem Backofen nehmen und auf einem Kuchengitter vollständig abkühlen lassen

Rezepte für Hundeleckerli mit Reis

133

Reis-Hühnchen-Leckerli

Zutaten

- 100 g weich gekochter Reis
- 100 g gekochtes Hühnerfleisch, gehackt
- 1 Ei
- 1 EL gehackte Petersilie

Zubereitung

1. den gekochten Reis und das gehackte Hühnerfleisch in eine Schüssel geben und vermischen
2. das Ei aufschlagen und hinzufügen, bis eine klebrige Masse entsteht
3. die gehackte Petersilie unterrühren
4. die Masse zu kleinen Kugeln formen und auf ein mit Backunterlage ausgelegtes Backblech legen
5. im vorgeheizten Backofen bei 180 °C für 20-25 Minuten backen, bis die Leckerli goldbraun sind
6. gut auskühlen lassen

Reis-Käse-Leckerli

Zutaten

- 100 g gekochter Reis
- 50 g geriebener Käse
- 1 Ei
- 1 TL getrockneter Thymian

Zubereitung

1. den gekochten Reis und den geriebenen Käse in eine Schüssel geben und vermischen
2. Ei aufschlagen und hinzufügen, bis eine klebrige Masse entsteht
3. den getrockneten Thymian dazu geben und gut verkneten
4. die Masse zu kleinen Kugeln formen und auf ein mit Backunterlage ausgelegtes Backblech legen
5. im vorgeheizten Backofen bei 180 °C für 20-25 Minuten backen, bis die Leckerli goldbraun sind
6. gut abkühlen lassen

Reis-Lachs-Leckerli

- 100 g weich gekochter Reis
- 100 g gekochter Lachs, gehackt
- 1 Ei
- 1 EL gehackte Petersilie

Zubereitung

1. den gekochten Reis und den gehackten Lachs in eine Schüssel geben und vermischen
2. das Ei aufschlagen und hinzufügen, bis eine klebrige Masse entsteht
3. die gehackte Petersilie hinzufügen
4. die Masse zu kleinen Kugeln formen und auf ein mit Backunterlage ausgelegtes Backblech legen
5. im vorgeheizten Backofen bei 180 °C für 20-25 Minuten backen, bis die Leckerli goldbraun sind
6. gut abkühlen lassen

Rezepte für Hundeleckerli mit Rosmarin

Rosmarin-Leberwurst-Leckerli

Zutaten

- 100g Geflügelleberwurst
- 1 Ei
- 90g Hafermehl
- 1 EL fein gehackter, frischer Rosmarin

Zubereitung

1. Backofen auf 180 °C vorheizen
2. in einer großen Schüssel die Leberwurst mit dem Ei verrühren, bis es eine glatte Mischung ergibt

3. das Hafermehl und den Rosmarin hinzufügen und zu einem Teig kneten
4. den Teig auf einer bemehlten Arbeitsfläche etwa 1/2 cm dick ausrollen und mit einem Keks-Ausstecher in gewünschter Form ausstechen
5. die Kekse auf ein mit Backunterlage ausgelegtes Backblech legen und 15-20 Minuten backen, bis sie goldbraun und knusprig sind
6. nach dem Backen gut abkühlen lassen und in einem luftdichten Behälter aufbewahren

Rosmarin-Karotten-Leckerli

<u>Zutaten</u>

- 125g Reismehl
- 10g zarte Haferflocken
- 60g geriebene Karotten
- 1 EL fein gehackter, frischer Rosmarin
- 1/4 Tasse Wasser
- 1 Ei

<u>Zubereitung</u>

1. Backofen auf 180 °C vorheizen
2. in einer großen Schüssel das Reismehl, die Haferflocken, die geriebenen Karotten und den gehackten Rosmarin vermengen
3. das Ei und das Wasser hinzufügen und zu einem Teig kneten
4. den Teig auf einer bemehlten Arbeitsfläche etwa 1/2 cm dick ausrollen und mit einem Keks-Ausstecher in gewünschter Form ausstechen
5. die Kekse auf ein mit Backpapier ausgelegtes Backblech legen und 20-25 Minuten backen, bis sie goldbraun und knusprig sind
6. nach dem Backen gut abkühlen lassen und in einem luftdichten Behälter aufbewahren

Rosmarin-Lachs-Kekse

<u>Zutaten</u>

- 200 g Lachsfilet
- 1 EL fein gehackter, frischer Rosmarin
- 1 Ei
- 150 g Vollkornweizenmehl
- 50 g zarte Haferflocken
- 50 ml Wasser

<u>Zubereitung</u>

1. den Lachs in kleine Stücke schneiden und in einer Pfanne ohne Öl von allen Seiten anbraten, bis er gar ist
2. aus der Pfanne nehmen und abkühlen lassen
3. in einer Schüssel das Mehl, die Haferflocken und den Rosmarin vermischen
4. das Ei und das Wasser hinzufügen und alles gut zu einem Teig verkneten
5. den abgekühlten Lachs in kleine Stücke schneiden und unter den Teig kneten
6. den Teig auf einer bemehlten Fläche ausrollen und mit einem Keks-Ausstecher die gewünschte Form ausstechen
7. die Kekse auf ein mit Backunterlage ausgelegtes Backblech legen und im vorgeheizten Backofen bei 180 °C für ca. 20-25 Minuten backen, bis sie goldbraun sind
8. nach dem Backen vollständig abkühlen lassen

Rosmarin-Lachs-Süßkartoffel-Leckerli

<u>Zutaten</u>

- 250 g Lachsfilet
- 1 EL fein gehackter Rosmarin
- 1 kleine Süßkartoffel
- 50 g Vollkornweizenmehl
- 50 g zarte Haferflocken
- 1 Ei

<u>Zubereitung</u>

1. den Lachs in kleine Stücke schneiden und in einer Pfanne ohne Öl von beiden Seiten anbraten, bis er gar ist
2. aus der Pfanne nehmen und abkühlen lassen

137

3. die Süßkartoffel schälen und in kleine Stücke schneiden, in einem Topf mit Wasser kochen, bis sie weich sind
4. in einer Schüssel das Mehl, die Haferflocken und den Rosmarin vermischen
5. das gekochte Süßkartoffelpüree und das Ei hinzufügen und alles gut zu einem Teig verkneten
6. den abgekühlten Lachs in kleine Stücke schneiden und unter den Teig kneten
7. den Teig auf einer bemehlten Fläche ausrollen und mit einem Keks-Ausstecher die gewünschte Form ausstechen
8. die Kekse auf ein mit Backunterlage ausgelegtes Backblech legen und im vorgeheizten Backofen bei 180 °C für ca. 20-25 Minuten backen, bis sie goldbraun sind
9. nach dem Backen vollständig abkühlen lassen

Rezepte für Hundeleckerli mit Rote Beete

Rote-Beete-Bananen-Kugeln

Zutaten

- 200 g Rote Beete, gekocht und püriert
- 1 reife Banane, zerdrückt
- 100 g zarte Haferflocken
- 50 g Kokosraspeln
- 1 Ei
- 1 TL Kokosöl
- 1 TL Honig

Zubereitung

1. heize den Backofen auf 180 °C Grad vor und belege ein Backblech mit Backunterlage
2. vermenge alle Zutaten in einer Schüssel und knete sie gut durch
3. forme kleine Kugeln aus dem Teig und drücke sie auf dem Backblech etwas platt
4. backe die Leckerli für etwa 20 Minuten im vorgeheizten Backofen
5. gut auskühlen lassen

Rote-Beete-Käse-Leckerli

- 200g Rote Beete, gekocht und püriert
- 100g Mehl (Weizen, Dinkel)
- 50g geriebener Käse
- 1 Ei
- 1 EL Rapsöl
- 1/2 TL getrockneter Thymian

Zubereitung

1. Backofen auf 180 °C Grad vorheizen
2. die pürierte Rote Beete in eine Schüssel geben
3. das Mehl, Käse, Ei, Rapsöl und den getrockneten Thymian dazugeben und alles gut vermischen
4. die Mischung zu einem Teig kneten.
5. den Teig ausrollen und mit einem Keks-Ausstecher die Leckerli formen
6. die Leckerli auf ein Backblech mit Backunterlage legen und für 20 Minuten im Backofen backen
7. gut auskühlen lassen

Rote-Beete-Käse-Kugeln

Zutaten

- 150 g Rote Beete, gekocht und püriert
- 50 g geriebener Käse
- 100 g Hafervollkornflocken
- 1 Ei
- 1 TL Olivenöl

Zubereitung

1. heize den Backofen auf 180 °C Grad vor und belege ein Backblech mit Backunterlage
2. alle Zutaten in einer Schüssel vermengen und gut durchkneten

3. forme kleine Kugeln oder andere Formen aus dem Teig und lege sie auf das Backblech
4. backe die Leckerli für etwa 20 Minuten im vorgeheizten Backofen
5. gut auskühlen lassen

Rote-Beete-Bananen-Leckerli

<u>Zutaten</u>

- 200g Rote Beete, gekocht und püriert
- 1 reife Banane, zerdrückt
- 100g zarte Haferflocken
- 50g Kokosraspeln

<u>Zubereitung</u>

1. den Backofen auf 180 °C Grad vorheizen
2. die pürierte Rote Beete in eine Schüssel geben
3. die zerdrückte Banane, die Haferflocken und den Kokosraspeln dazugeben und alles gut vermischen
4. die Mischung zu einem Teig kneten
5. den Teig ausrollen und mit einem Keks-Ausstecher die Leckerli formen
6. die Leckerli auf ein Backblech mit Backunterlage legen und für 20 Minuten im Backofen backen
7. gut auskühlen lassen

Rote-Beete-Huhn-Leckerli

<u>Zutaten</u>

- 200 g Rote Beete, gekocht und püriert
- 100 g Hühnerbrust, gekocht und fein gehackt
- 100 g Vollkornmehl (Weizen oder Dinkel)
- 1 Ei
- 1 TL Olivenöl

<u>Zubereitung</u>

1. heize den Backofen auf 180 °C Grad vor und belege ein Backblech mit Backpapier
2. vermenge alle Zutaten in einer Schüssel und knete sie gut durch
3. forme kleine Kugeln oder andere Formen aus dem Teig und lege sie auf das Backblech
4. backe die Leckerli für etwa 20 Minuten im vorgeheizten Backofen
5. gut auskühlen lassen

Rezepte für Hundeleckerli mit Thymian

Thymian-Käse-Leckerli

Zutaten

- 100 g geriebener Käse
- 75 g Weizenmehl
- 1 Ei
- 1 EL Olivenöl
- 1/2 TL getrockneter Thymian
- 2 EL Wasser

Zubereitung

1. heize den Backofen auf 180 °C vor und lege ein Backblech mit Backunterlage aus
2. mische den geriebenen Käse, das Mehl und den Thymian in einer Schüssel
3. füge das Ei, das Olivenöl und das Wasser hinzu und knete alles zu einem glatten Teig
4. rolle den Teig auf einer bemehlten Fläche aus und schneide kleine Stücke aus
5. lege die Stücke auf das vorbereitete Backblech und backe sie für 15-20 Minuten, bis sie goldbraun sind
6. lass die Leckerli gut abkühlen

Thymian-Karotten-Leckerli

Zutaten

- 200 g Karotten, gerieben
- 150 g zarte Haferflocken
- 1 Ei
- 1 EL Olivenöl
- 1 TL getrockneter Thymian

Zubereitung

1. heize den Backofen auf 180 °C vor und lege ein Backblech mit Backunterlage aus
2. vermische die geriebenen Karotten, Haferflocken und Thymian in einer Schüssel
3. füge das Ei und das Olivenöl hinzu und knete alles zu einem Teig
4. rolle den Teig auf einer bemehlten Fläche aus und forme kleine Stücke
5. lege die Stücke auf das vorbereitete Backblech und backe sie für 15-20 Minuten, bis sie goldbraun sind
6. lass die Leckerli vollständig abkühlen

Thymian-Fleisch-Leckerli

Zutaten

- 200 g Rinderhackfleisch
- 75 g Hafervollkornflocken
- 1 Ei
- 1 EL Olivenöl
- 1 TL getrockneter Thymian

Zubereitung

1. heize den Backofen auf 180 °C vor, lege ein Backblech mit Backunterlage aus
2. vermische das Rinderhackfleisch, Haferflocken und Thymian in einer Schüssel
3. füge das Ei und das Olivenöl hinzu und knete alles zu einem Teig
4. rolle den Teig auf einer bemehlten Fläche aus und schneide kleine Stücke aus
5. lege die Stücke auf das vorbereitete Backblech und backe sie für 15-20 Minuten, bis sie goldbraun sind
6. lass die Leckerli vollständig abkühlen

Rezepte für Hundeleckerli mit Zucchini

Zucchini-Käse-Leckerli

Zutaten

- 1 mittelgroße Zucchini, gerieben (ca. 200 g)
- 1 Ei
- 50 g geriebener Käse
- 100 g Dinkelvollkornmehl
- 1 TL getrockneter Thymian
- 1 EL Olivenöl

Zubereitung

1. den Backofen auf 180 °C vorheizen und ein Backblech mit Backunterlage auslegen
2. die geriebenen Zucchini mit dem Ei, dem geriebenen Käse, dem Mehl und dem Thymian in eine Schüssel geben und alles gut vermengen
3. den Teig auf einer bemehlten Arbeitsfläche, flach ausrollen und mit einem Keksausstecher oder einem scharfen Messer kleine Leckerli formen
4. die Leckerli auf das vorbereitete Backblech legen und mit Olivenöl beträufeln
5. für ca. 20-25 Minuten im Backofen backen, bis die Leckerli goldbraun und knusprig sind
6. gut abkühlen lassen und im Kühlschrank aufbewahren

Zucchini-Käse-Ecken

Zutaten

- 1 mittelgroße Zucchini, geraspelt
- 100 g geriebener Käse
- 1 Ei
- 100 g Vollkornmehl (Dinkel)
- 1 TL getrockneter Thymian

1. Backofen auf 180 °C vorheizen, Backblech mit Backunterlage auslegen
2. die geraspelte Zucchini mit einem Küchentuch ausdrücken
3. alle Zutaten vermischen zu einem Teig
4. den Teig auf einer bemehlten Arbeitsfläche ausrollen
5. kleine Ecken ausstechen und auf das vorbereitete Backblech legen
6. die Ecken für 15-20 Minuten backen, bis sie goldbraun sind
7. nach dem Backen vollständig abkühlen lassen

Zucchini-Karotten-Leckerli

Zutaten

- 1 mittelgroße Zucchini (ca. 200 g), geraspelt
- 1 mittelgroße Karotte, geraspelt
- 50 g Kokosmehl
- 50 g zarte Haferflocken
- 1 Ei
- 1 TL getrockneter Oregano

Zubereitung

1. Backofen auf 180 °C vorheizen, Backblech mit Backunterlage auslegen
2. die geraspelten Zucchini und Karotte in eine Schüssel geben
3. das Kokosmehl, die Haferflocken, das Ei und den getrockneten Oregano hinzufügen und alles gut vermischen
4. den Teig zu einer Kugel formen und auf einer bemehlten Arbeitsfläche ausrollen
5. kleine Leckerli ausstechen und auf das vorbereitete Backblech legen
6. die Leckerli für 15-20 Minuten backen, bis sie goldbraun sind
7. nach dem Backen vollständig abkühlen lassen und in einem luftdichten Behälter aufbewahren

Zucchini-Fleischbällchen

Zutaten

- 1 mittelgroße Zucchini, gerieben (ca. 200 g)
- 250 g Rinderhackfleisch
- 1 Ei
- 50 g zart Haferflocken
- 1 TL getrockneter Oregano
- 1 Knoblauchzehe, gehackt

<u>Zubereitung</u>

1. Backofen auf 180 °C vorheizen, Backblech mit Backunterlage auslegen
2. die geriebene Zucchini in ein Küchentuch geben und gut ausdrücken, um überschüssige Feuchtigkeit zu entfernen
3. die Zucchini mit dem Rinderhackfleisch, dem Ei, den Haferflocken, dem Oregano und dem Knoblauch in eine Schüssel geben und alles gut vermengen
4. kleine Fleischbällchen formen und auf das vorbereitete Backblech legen
5. für ca. 25-30 Minuten im Backofen backen, bis die Fleischbällchen durchgegart sind
6. gut abkühlen lassen und im Kühlschrank aufbewahren

Zucchini-Apfel-Leckerli

<u>Zutaten</u>

- 200 g Zucchini (ca. 200 g), geraspelt
- 100 g Apfel, geraspelt
- 1 Ei
- 100 g zarte Haferflocken
- 50 g Kokosmehl
- 1 TL Backpulver
- 1 TL Zimt

<u>Zubereitung</u>

1. Backofen auf 180 °C vorheizen und lege das Backblech mit einer Backunterlage aus
2. in einer großen Schüssel vermische die geraspelte Zucchini, den geraspelten Apfel und das Ei

145

3. gebe die Haferflocken, das Kokosmehl, das Backpulver und den Zimt hinzu und mische alles gut durch
4. forme kleine Leckerli aus dem Teig und lege sie auf das vorbereitete Backblech mit Backunterlage
5. backe die Leckerli im vorgeheizten Backofen für etwa 25 Minuten oder bis sie goldbraun sind
6. lasse die Leckerli vollständig abkühlen

Rezepte für asiatische Hundeleckerli

asiatische-Hühnerbällchen

<u>Zutaten</u>

- 450g Hühnerbrust, gekocht und zerkleinert
- 100g Karotten, geraspelt
- 50g Erbsen, frisch
- 1 Ei
- 1/4 Teelöffel Ingwer, gerieben
- 1/4 Teelöffel Knoblauchpulver
- 2 Esslöffel Sojasauce
- 2 Esslöffel Honig

<u>Zubereitung</u>

1. Backofen auf 180 °C vorheizen
2. in einer großen Schüssel das Hühnchen, die Karotten, Erbsen, das Ei, Ingwer, Knoblauchpulver, Sojasauce und Honig gut vermischen
3. aus der Mischung kleine Bällchen formen und auf ein mit Backpapier ausgelegtes Backblech legen
4. für etwa 20 Minuten backen, bis sie goldbraun sind
5. gut abkühlen lassen

asiatische Hühnerleckerli

<u>Zutaten</u>

- 200 g Hühnerfleisch, gekocht und gewürfelt

146

- 50 g Karotten, geraspelt
- 50 g grüne Bohnen, gewaschen und fein gehackt
- 1 Ei
- 50 g zarte Haferflocken
- 1 TL geriebener Ingwer
- 1 Knoblauchzehe, fein gehackt
- 2 EL Sojasauce
- 2 EL Reismehl
- 1 EL Honig
- 1 EL Sesamöl

Zubereitung

1. in einer großen Schüssel das gekochte und gewürfelte Hühnerfleisch mit den geraspelten Karotten und gehackten grünen Bohnen vermengen
2. das Ei hinzufügen und gut umrühren
3. Haferflocken, geriebenen Ingwer, fein gehackten Knoblauch, Sojasauce, Reismehl, Honig und Sesamöl hinzufügen und alles gut vermengen
4. die Masse auf ein mit Backunterlage ausgelegtes Backblech geben und flach drücken
5. im vorgeheizten Backofen 20 bis 25 Minuten backen
6. aus dem Backofen nehmen, abkühlen lassen und in kleine Stücke schneiden
7. die Leckerli in einer luftdichten Dose im Kühlschrank aufbewahren

Garnelenbällchen

Zutaten

- 450g Garnelen, zerkleinert
- 50g Kokosraspel
- 1 Ei
- 1 Esslöffel frischer Ingwer, gerieben
- 50g Sojasauce
- 20g Honig
- 1/4 Tasse frischer Koriander, gehackt

Zubereitung

147

1. den Backofen auf 180 °C vorheizen
2. in einer großen Schüssel die Garnelen, Kokosraspel, Ei, Ingwer, Sojasauce, Honig und Koriander vermischen
3. aus der Mischung kleine Bällchen formen und auf ein mit Backunterlage ausgelegtes Backblech legen
4. für etwa 15-20 Minuten backen, bis sie goldbraun sind
5. vollständig abkühlen lassen

Rezepte für Hundeleckerli zur Unterstützung bei der Zahnpflege

Pfefferminz-Knochen

Zutaten

- 20g Hafervollkornflocken
- 60g Mehl (Weizen, Dinkel)
- 1/4 Tasse Pfefferminzblätter, fein gehackt
- 1 Ei
- 2 Esslöffel Wasser

Zubereitung

1. Backofen auf 175 °C vorheizen
2. Haferflocken, Mehl und Pfefferminzblätter in einer Schüssel vermengen
3. Ei und Wasser hinzufügen und alles gut verkneten
4. Teig auf einer bemehlten Fläche ausrollen und mit einer Knochenform ausstechen
5. im vorgeheizten Backofen 20-25 Minuten backen, bis sie goldbraun sind
6. vollständig abkühlen lassen

Süßkartoffel-Chips

Zutaten

- 1 große Süßkartoffel
- 2 Esslöffel Olivenöl

1. Backofen auf 200 °C vorheizen
2. Süßkartoffel waschen, schälen und in dünne Scheiben schneiden
3. Scheiben mit Olivenöl bestreichen
4. auf einem Backblech mit Backunterlage auslegen
5. im vorgeheizten Backofen 20-30 Minuten backen, bis sie knusprig sind
6. gut abkühlen lassen

Rezepte für Hundeleckerli, die für den Stressabbau förderlich sein können

Bananen-Beeren-Bällchen

Zutaten

- 1 reife Banane
- 1/2 Tasse Beeren (z.B. Himbeeren oder Blaubeeren; frisch)
- 20g zarte Haferflocken
- 1 Esslöffel Honig

Zubereitung

1. Banane in eine Schüssel schälen und mit einer Gabel zerdrücken
2. Beeren hinzufügen und vermengen
3. Haferflocken und Honig hinzufügen und alles zu einem Teig kneten
4. Teig zu kleinen Bällchen formen und auf ein mit Backunterlage ausgelegtes Backblech geben
5. im vorgeheizten Backofen bei 180 °C ca. 15-20 Minuten backen, bis sie goldbraun sind.
6. gut abkühlen lassen

Lavendel-Haferflocken-Kekse

Zutaten

- 20g Hafervollkornflocken

- 60g Vollkornmehl (Hafer, Dinkel)
- 1 Teelöffel getrockneter Lavendel
- 1 Ei
- 2 Esslöffel Wasser

Zubereitung

1. Backofen auf 175 °C vorheizen
2. Haferflocken, Mehl und Lavendel in einer Schüssel vermengen
3. Ei und Wasser hinzufügen und alles gut verkneten
4. Teig auf einer bemehlten Fläche ausrollen und mit einer Keksform ausstechen
5. im vorgeheizten Backofen 20-25 Minuten backen, bis sie goldbraun sind
6. gut abkühlen lassen

Viel Spaß beim Zubereiten dieser köstlichen Leckereien für deinen pelzigen Freund!

Denn Liebe geht nicht nur durch den Magen – manchmal geht sie direkt vom Backblech ins Hundeherz.

Ob keksverliebter Zwergpudel oder snackverwöhnter Schäferhund: Mit ein bisschen Teig, einer Prise Geduld und einem ordentlichen Schwung guter Laune wird deine Küche schnell zur Gourmet-Manufaktur für vier Pfoten.

Falls dabei etwas schiefgeht – halb so wild! Hauptsache, der Hund hat Spaß, du hast Mehl im Gesicht und keiner knabbert den Kochlöffel an.

Vielleicht wird dein Vierbeiner ja sogar zum Feinschmecker und lässt das Trockenfutter links liegen, dann weißt du: Du hast alles richtig gemacht.

Und falls du dich fragst, ob man manche Leckerlis auch selbst probieren darf: Die Antwort lautet ja – solange die Zutatenliste für Menschen ebenso unbedenklich ist wie für Hunde und du kulinarisch ein bisschen Abenteuerlust mitbringst. Dieses Buch ist eine Einladung an dich, gemeinsam mit deinem Hund auf Genussreise zu gehen. Mal herzhaft, mal knusprig, mal schmatzend gut.

In diesem Sinne: Backblech frei, Ofen an, Schwanzwedeln garantiert!

**Möge dein Ofen niemals leer,
dein Hund niemals unbeeindruckt,
und dein Herz stets voller Tierliebe sein.**

Herzlichst

Paul Sonnfeld